KB058390

일을
지배하는
기술

일을 지배하는 기술

최형렬 지음

21세기북스

추천의 글

저자 최형렬은 혜명원의 학생이었다. 직장생활과 삶을 지적 각성으로 채워 자기 자신 이상으로 건너가려는 열정이 강하다. "내 삶의 주인은 누구인가?"를 집요하게 물으면서 조직에 종속되지 않고, 자신의 독립을 꾀하는 모험가인데, 이런 방식을 통해 그는 결국 회사의 큰 공헌자가 된다. 직장생활을 하는 자신을 자신에게 설명하고, 그 설명을 통해 자신에게 감동하는 이런 태도는 내가 강력하게 추천하는 삶의 방식이다.

최진석 | (사)새말새몸짓 이사장, 서강대 철학과 명예교수

저자는 이 책에서 일을 지배함으로써 자기 삶의 통제권을 확보하려는 젊은 직장인의 삶을 치열하게 그려냈다. '직장'은 일을 구성하는 하나의 요소인데, 직장보다 더 우선되는 본질적인 목적과 활동이 '일'에 있다고 생각하는 것이 요즈음의 젊은 세대임을 저자는 강조한다. 그러면서 어떤 마음가짐으로 '일'을 대하고 성찰해야 하는지, 어떻게 하면 더욱 본질적인 '일'에 집중하면서 동시에 자기 삶의 주인이 될 수 있을지를 본인의 경험과 고민의 축적을 통해 세심하게 이야기하고 있다. 자신의 삶을 주도적으로 살고 싶은 젊은이들, 그 삶에서 꾸준히 지속적으로 성장하고 발전할 수 있기를 바라는 젊은이들에게 권하고 싶다.

서진우 | SK그룹 부회장, SUPEX 추구협의회 인재육성위원장

4차 산업혁명시대의 도래와 COVID-19의 발발로 기업의 경영환경과 개인의 삶에 큰 변화가 일어나고 있다. 기업과 개인 모두 이 변화가 무엇이고 어떤 의미가 있는지를 이해하는 것은 매우 중요하다. 특히 Z세대가 조직 내 편입되기 시작하는 현시점에서 그 의미는 더욱 중대하다. 다양한 국내외 기업의 최고경영자와 인재들을 지근거리에서 경험한 저자는 이러한 변화의 핵심을 개인 '평생의 삶'이라는 차원에서 고민하고 풀어냈다. 그 점이 바로 이 책의 매력이다. 자신의 삶을 주도적으로 그리고 독자적으로 이끌어 더 나은 인재가 되고자 노력하는 모든 이들에게 이 책을 권한다.

황성현 | 퀀텀인사이트 대표, 前 카카오 인사총괄 부사장

이 책을 읽으며 참 최형렬답다는 생각을 했다. SK 시절 당시 사장실에 있던 최형렬을 처음 보았을 때부터 하루하루 생존하기에도 힘든 와중에 제대로 일을 하고자 하고, 자신이 왜 일을 하는지에 대해 고민을 하는 친구였다. 그 후의 행보를 보면서 일에 지배당하지 않고, 일을 지배하고자 하는 그의 욕구와 의지를 알 수 있었기에 과연 이런 책을 쓸 만하다는 생각을 했다. 내가 과연 이 회사를 계속 다녀야 하는지 의문을 갖고 있는 직장인이라면 반드시 읽어봐야 할 책이다. 정답은 아닐지 모른다. 그러나 동일한 고민을 오랫동안 했던 직장인이 온전히 그 고민을 어떻게 해결했는지 그 여정을 보는 것만으로도 충분하다고 생각한다.

가종현 | 테라핀 스튜디오 President/COO, 前 YG엔터테인먼트 부사장

뉴욕에서 파트너와의 미팅 중에 이름만 적힌 명함을 받은 적이 있다. 만났던 그 누구보다 가장 인상적인 기억이었다. '어느 회사의, 누구'가 아닌 '무엇을 하는', '무엇을 해낸' 또는 '어떤 특장점을 가진' 자신이 되고 싶지 않은가? 직장생활을 20년 이상 해오면서 나만의 레거시를 만들어야 한다는 일종의 강박관념과 끊임없는 의무감에 빠져 있던 나에게도, 직장인으로서의 나를 찾는 여정을 보다 체계적으로 정리해주는 길잡이 책. 조금 더 일찍 볼 수 있었더라면 하는 마음이다.

정기현 | 前 페이스북 코리아 대표, 前 라인 Chief Business Officer

저자가 제시하는 직장에서의 자기 성장과 독자적인 자기 가치 창출 방법은 비슷한 고민과 열망을 가지고 있는 사람들에게 통찰력을 주고 있고 충분히 친절하다. 자기 가치를 키우고자 하는 사람들에게 공감과 성장의 힘을 주는 책이다.

김현진 | CJ제일제당 디지털사업본부장 부사장, 前 11번가 커머스센터장

아마존에서 가장 강조하는 리더십 원칙 중 하나는 단순하게 지시받은 일을 완료하는 것에 그치지 않고, 목표하는 일이 되도록 하기 위해 주도적인 고민과 자발적인 노력을 기울이는 오너십(주인 의식)이었다. 이 책은 본인의 일에 대한 확실한 오너십을 가지고 '독자적인 직장생활'을 해나가고자 한 저자의 고민과 실행의 방법들을 진실하게 담고 있다. 작은 일에도 진지하고 신중하게 고민하는 저자가 대담하고 모험적인 결정들을 내릴 수 있었던 것처럼, 자신이 직장생활의 주인이 되고자 하는 모든 이들에게 큰 격려와 도움을 주는 책이다.

이찬희 | 야놀자 Chief Product Officer, 前 Amazon Global Expansion Head of Product

종종 '나는 그저 부속품일까?' 하며 씁쓸해하는 대한민국의 직장인들에게 펭수가 'F(Feeling)'의 관점에서 위로를 건넸다면, 이 책은 'T(Thinking)'의 관점에서 어떻게 하면 직장에서도 자유와 행복을 획득할 수 있는지 이야기한다. 아무리 마음을 다잡고 출근해도 직장에서 한숨부터 나오는 당신, 마음은 잠시 쉬게 하고 머리로 차근차근 이 책을 읽어보길 바란다.

이슬예나 | EBS 〈자이언트 펭TV〉 CP

회사는 다양한 사람들로 구성된 사회적 집단이지만, 이해관계자들의 목적이나 운영적 목표를 달성해야만 하는 영리적 조직이기도 하다. 많은 회사들이 구성원들과 좀 더 나은 관계를 맺기 위해 여러 개선과 변화를 시도하지만, 각 고유의 개인에게 줄 수 있는 가치에는 분명 한계선이 존재한다. 빠르게 변해가는 환경 속에서, 이 책의 저자는 직장생활에서 경험하고 고찰했던 주요 요소와 개념들을 톺아보며 직장인들이 진정한 행복과 경쟁력을 위해 고려하고 실천해야 할 중요 명제들을 선사한다. 주체적 존재로서 삶의 '질과 양'을 높여가고 싶은 모든 분들에게 이 책을 강력 추천한다.

정동훈 | 대원미디어, 학산문화사 대표이사

윤영이와 하온에게

출근길,
당신 삶의 주인은
누구인가요?

"안녕하세요, SK의 최형렬입니다."

"안녕하세요, 최형렬입니다. 지금은 SK에 있습니다."

이 두 가지 표현은 비슷하면서도 어딘지 다른 느낌을 줍니다. 제가 10년가량 대기업에서 직장생활을 하며 처음 뵙는 분들께 저를 소개하는 주된 방법은 전자의 표현처럼, 회사 이름을 먼저 알리고 그 뒤에 저의 이름을 넣는 식이었습니다. 그렇게 했던 이유는 이 편이 더 효과적이고 상대에게 기억되기 쉬운 방법이라고 느꼈기 때문입니다. 하지만 사실 그 근거에 대해서는 한번도 깊게 생각해본 적이 없었습니다.

어느 날 문득, 분명한 이유도 없이 주변을 따라 으레 그렇게 표현해왔다는 사실을 깨닫게 됐습니다. 그러다 몇 번의 이직을 하고, 다양한 환경을 접하면서 스스로를 소개하는 방법도 점차 후자의 표현으로 바뀌어갔습니다.

"안녕하세요, 최형렬입니다."
"지금은 Ant group에 있습니다."
"지금은 Coupang에 있습니다."

별것 아닌 것처럼 보이는 이 한마디가 사실 별것이라고 이야기하는 것이, 사실은 이 책 내용의 전부입니다. 회사 이름을 먼저 말하던 삶에서 자신의 이름을 먼저 말하는 삶으로 가는 것이 우리에게 더 큰 이득이 된다는 것이 제가 전하고 싶은 이야기입니다. 이런 방식이 우리에게 훨씬 더 독립적이고 자유한 삶의 높이를 허락한다는 것이 이 책이 전하고자 하는 핵심 메시지입니다.

언뜻 쉬워 보이지만, 이런 삶을 사는 데에는 생각보다 많은 노력이 필요합니다. 여기에는 우리를 둘러싼 환경을 이해하기 위한 노력, 자신에 대해 자각하기 위한 노력, 그리고 성장하기 위해 실천하는 노력이 모두 포함됩니다.

직장인으로서 우리는 회사의 정체성이 마치 나의 정체성인 것처럼 여기고 살아가기 쉽습니다. 경영의 구루Guru로 존경받는 인텔의 전 CEO인 고故 앤디 그로브Andy Grove 역시 그의 책 『편집광만이 살아남는다*Only the Paranoid Survive*』에서 '많은 경우 인간의 개인적 정체성이 평생의 직업과 불가분의 관계에 있다'고 말한 바 있습니다.

그러나 회사의 정체성을 개인의 정체성으로 받아들이는 것에는 분명한 함정이 있습니다. 이런 성격의 정체성에는 우리 자신의 고유하고 독립적인 의도보다 회사와 사회의 의도가 훨씬 더 많이 담겨 있기 마련입니다. 마치 영화 〈트루먼 쇼〉의 주인공 트루먼이 가졌던 오해처럼 말입니다. 트루먼은 자신의 삶에 성실했고 또한 그 삶을 사랑했지만, 사실 그의 삶은 다른 이들의 의도가 반영된 하나의 프로그램에 지나지 않았습니다.

회사가 직원들에게 오너십을 요구하며 그들의 헌신을 끌어내기 위해 취하는 가장 일반적인 방법 또한 회사의 정체성을 직원 각자의 정체성과 연결 짓는 일입니다. 나와 회사를 동일시하는 직원들이 만들어내는 힘은 그 안에 실로 엄청난 에너지를 품고 있기 때문입니다.

그래서 회사는 이를 위해 많은 투자를 하고, '기업 문화'나 '비전' 또는 '가치' 같은 단어들로 표현하기도 합니다. 규모가 큰 기업일수록 '공개 채용'의 방식으로 매년 신입사원을 뽑고, 가장 먼저 하는 활동이 '신입사원 교육'인 이유도 바로 여기에 있습니다. 그리고 신입사원 교육이 구체적인 일의 역량보다도, 기업의 '문화'와 '철학' 그리고 '제도'에 초점을 두고 이뤄지는 이유도 바로 이 때문입니다. 이러한 기업의 노력이 수십 년간 이어지고 퍼져나간 결과,

어느새 우리는 사회에서 새로운 이들을 만날 때 곧잘 상대를 '삼성'에 다니는 사람, 'SK'에 다니는 사람, '현대'에 다니는 사람 등으로 이해하게 되었습니다. 그 사람의 본연과 관련지어 '자동차를 좋아하는 사람'이나 '책을 많이 읽는 사람' '컴퓨터 공학에 뛰어난 사람' 같은 식으로 인식하지 않고 말이죠.

그렇다면 회사란 또 다른 〈트루먼 쇼〉나 마찬가지이고, 우리는 쇼를 현실이라고 믿고 살아가는 불쌍한 트루먼이니, 이를 깨닫고 하루빨리 '쇼'에서 벗어나 자신만의 삶을 찾아가자는 것이 이 책이 전하고자 하는 이야기일까요?

아닙니다. 어차피 자본주의 사회에서 기업의 활동은 셀 수 없이 많은 참여자들이 벌이는 크고 작은 쇼의 집합으로 이루어져 있습니다. 누군가는 공장의 노동자들이 일하도록 하기 위해 돈과 꿈으로 쇼를 만들고, 누군가는 쉴 새 없이 우리의 욕구와 결핍을 자극해 주머니에서 돈을 가져가고 있습니다. 또 다른 누군가는 우리가 언제나 타인과 연결되어 있어야 하고 자신을 드러내야 한다면서 온라인상에 잠시도 꺼지지 않는 공동체의 터전도 만들어두었습니다. 거기에 그치지 않고 심지어 이제는 '메타버스'라는 이름으로 대놓고 우리 모두를 트루먼의 세계로 초청하는 시대입니다.

즉, 이제 세상은 쇼의 집합체이며, 『월든』의 저자인 헨리 데이비드 소로가 살아 돌아오지 않는 한, 이를 피해갈 수 있는 사람은 아마 아무도 없을 것입니다. 그렇기 때문에 우리는 오히려 어떻게 하면 이 쇼에서 자신의 출연료를 높여나갈지, 그리고 하나의 쇼에서 성공을 거두고 이를 자산 삼아 다음에 어떤 더 좋은 작품을 맡을지, 어떻게 자신만의 가치를 높여가고, 종국에는 쇼에 출연하는 것에 구애받지 않고 스스로 원하는 모습의 삶을 더 적극적으로 만들어갈 수 있을지에 집중해야 합니다.

이를 위해 가장 중요한 것은, 우리가 많은 시간을 보내고 있는 직장에서의 삶을 보다 더 독자적으로 만들어가며, 스스로 자유할 수 있는 방향으로 이끌어나가는 것입니다.

이러한 생각을 가장 잘 반영하는 직업군 중 하나가 바로 연예인입니다. 배우 송강호와 하정우는 오직 영화와 드라마 등의 작품 활동을 통해 본인의 가치를 확인하고 키워가고 있습니다. 가수 이효리와 김동률도 마찬가지입니다. 그들은 스스로의 가치를 기반으로 일을 선택하고 해나갑니다. '배우' '가수'라는 타이틀 앞뒤에 다른 수식어가 필요하지 않게 된 지 오래입니다. 아마 현재 그들의 소속사가 어디인지 기억하는 사람은 그리 많지 않을 것입니다. 소속사가 그들을 수식하는 것이 아니라, 이미 그들의 존재 자체가 독립적이고 자유한 가치를 시장에 전하고 있기 때문입니다.

결국 직장인들도 이와 마찬가지입니다. '독자적인 자신의 가치'가 본질입니다. 회사를 다니며 몸값을 키우고, 다음 회사로 갈 때 더 높은 가치를 인정받고 더 많은 가치를 만들어내며, 회사 생활을 통해 가치를 만들어내는 방법을 충분히 익힌 뒤에는 원하면 직접 회사를 차릴 수도 있을 것입니다.

　이런 간단한 개념이 낯설고 어렵게 느껴진다면 오히려 그것이 문제인 것은 아닌지 진지하게 고민해봐야 합니다. 그 이유는 두 가지입니다. 먼저, 시대가 변했기 때문입니다. 과거와 같이 국가와 대기업이 주도하는 성장의 시대는 사실상 끝나가고 있습니다. 국가와 대기업의 의도에 따라 산업과 대중이 종속적으로 움직이는 '일의 시대'는 이제 저물어가고 있기 때문입니다. 삼성과 현대와 SK와 LG가 아닌 네이버와 카카오와 넥슨과 쿠팡이 이토록 급성장하고, 심지어 최근에는 무수히 많은 새로운 스타트업들이 취업준비생들에게 선망의 기업이 되고 있다는 것은 대한민국 성장의 주도권이 점차 시장으로 옮겨가고 있다는 의미입니다. 여기에 더해 시장이 중심이 되는 환경하에서 해외 기업들의 성장도 두드러지고 있습니다. 이제 더는 구글, 메타(구 페이스북), 넷플릭스, 유튜브, 틱톡의 서비스를 한국에서 이용하는 것에 이질감을 느끼기 어려운 시대가 되었습니다.

　또 다른 측면에서도 세상이 바뀌었습니다. 수명은 늘고 출산은 줄어든 한편 성장은 둔화되었으며 고용률은 낮아지고, 여기에 더해 집값은 직장인의 능력을 크게 벗어난 수준으로 올랐습니다. 일을 하는 동안에도 많은 어려움이 있지만 일을 할 수 없는 상황이 오면 그 정도는 더욱 심각해집니다. 하지만 일을 할 수 없는 상황은 점차 늘어나고 있습니다. 일자리는 줄고 은퇴는 빨라지고 재취업은 점점 더 어려워져갑니다. 이러한 세상은 과거와 많은 면에서 차이가 있습니다. 그 차이를 읽고 대응하는 것은 현대를 살아가는 우리들의 피할 수 없는 과제입니다.

이 모든 변화의 기저에는 '4차산업혁명'이 있습니다. 4차산업혁명 시대에는 지식이 생산의 기반이자 산출물이 됩니다. 이 시대는 지식을 생산하는 쪽에 속한 이들에게는 폭발적인 성장력과 가능성을 안겨주지만, 그렇지 못한 이들에게는 매우 큰 소외를 안겨줄 가능성이 높습니다. 한편 지식을 가질 수 있는 기회는 그 어느 때보다 넓고 크게 열려 있습니다.

이를 이전 시대와 비교하면 더욱 분명해집니다. 농업사회에서 '토지'를 가진 자와 '노동력'을 가진 자로 구분되던 계층 구분이, 산업사회에 들어서며 '자본과 생산 시설'을 가진 자와 '노동력'을 가진 자로 바뀌었습니다. 즉, 구체적인 항목은 바뀌었지만 그 틀은 여전히 같습니다. 바로 '생산 수단을 가진 자'와 '그렇지 않은 자'입니다. 이 틀은 4차산업혁명 시대에도 마찬가지입니다. 전자에 속하는 가치가 '정보'로 바뀌었을 뿐입니다.

다만 여기에는 그 이전 시대와 결정적인 차이가 있습니다. 바로 4차산업혁명 시대의 '생산 수단'이 '지식과 정보'이며, '노동력'의 실체 또한 '지식과 정보'라는 점입니다. 즉, 인류 역사상 처음으로 생산 수단을 쥔 '자본가'와 노동력을 가진 '노동자' 계층이 일치될 수 있는 여지가 생겨났다는 의미입니다.

이 차이가 모든 것을 바꾸기 시작했습니다. 정보 산업혁명이 만들어준 인프라의 파격이 지식과 정보를 중심으로 자본가와 노동자의 경계를 허물고, 한 개인이 양쪽 모두에서 존재할 수 있는 시대를 연 것입니다. 과거의 관점에서 바라본 물리적인 '생산 수단'인 컴퓨터와 인터넷, 모바일이 누구에게나 접근 가능한 공공재나 필수품의 성격을 띠면서, 실질적인 '생산 수단'이 기계 자체가 아니라 그 기계를 운영하는 지식의 차원으로 바뀌었기 때문에 가능해진 기적입니다.

이제 4차산업혁명은 우리에게 자본과 노동의 구분이 분명하던 이전 시대의 삶의 방식을 새롭게 정의할 것을 요구하고 있습니다. 그리고 이를 가장 앞서서 구현하고 있는 집단이 바로 기업입니다. 그렇기 때문에 기업에 몸담고 일하는 직장인들은 이러한 변화에 누구보다 빠르고 민감하게 반응하며 대처해야 합니다.

이는 선택의 문제가 아닙니다. 이러한 변화에 대처하지 못할 때 그 기업의 존속을 보장할 수 없을뿐더러, 본질적으로 기업은 이 모든 변화 속에서 준비되지 않은 개인을 끝까지 지켜주지 않기 때문입니다. 아무리 열심히 공부하고 일하더라도, 우리를 아무도 필요로 하지 않는 순간이 찾아오면 어느 순간 누구나 망망대해에 홀로 남겨질 수 있습니다.

누구도 이런 상황을 원치 않을 것입니다. 따라서 우리는 우리를 둘러싼 환경에 대해 충분히 이해하고, 그 안에서 자신의 위치와 입장에 대해 더욱 분명히 알고, 앞으로의 삶을 위해 필요한 일들을 신속하고 체계적으로 준비해나가야 합니다. 이러한 준비가 더 빨리 시작될수록, 삶에 대해 더 높은 주도성과 더 큰 통제력을 가질 수 있게 될 것입니다.

삶에 대한 더 높은 주도성과 더 큰 통제력이란 무엇을 의미할까요? 이 둘은 바로 자유와 독립의 필수 조건입니다. 주도성과 통제력은 우리를 한 명의 인간으로서 보다 독립적이고 자유롭게 살 수 있게 도와줍니다. 이는 곧 행복의 핵심 조건이기도 합니다. 타인에 의한 것이 아닌, 스스로 결정하고 행동할 수 있는 환경은 인간에게 큰 만족과 행복을 선사해줍니다. 행복을 느끼는 구체적인 때와 상황은 사람마다 다르겠지만, 스스로의 삶을 결정하고 통제할 수 있는 힘이 행복의 토대가 되어주는 것은 누구에게나 마찬가지입니다.

그리고 이 토대는 필연적으로 우리가 살아가는 사회 시스템과도 맞닿아 있습니다. 바로 '자본주의'입니다. 자본주의 시스템에서 주도성과 통제력은 결국 '자본', 즉 '돈'과 연결됩니다. 그리고 돈을 다루는 올바른 '정신'과도 맞붙어 있습니다. 그렇기 때문에 적어도 자본주의 사회에서는 돈이 많고, 돈을 잘 다루는 사람들이 삶에 있어서도 더 높은 통제력을 갖게 된다는 논리적 귀결이 가능해집니다.

따라서 돈에 대해 올바른 관점을 갖고 이를 바탕으로 필요한 일들을 해나가는 것은 자본주의 사회를 살아가는 우리들이 행복을 만들어가는 데에 매우 중요한 일이자 단연 우선되어야 할 일입니다. 여기서 중요한 점은 돈을 특정 시기나 특정한 목적으로 대하는 것이 아니라, 일생을 기준으로 생각하고 삶 전체를 바탕으로 고려해야 한다는 점입니다. 즉, 우리가 살아가는 시간만큼, 그리고 우리 삶이 가진 넓은 범주만큼 우리와 함께하며 삶의 행복을 도울 수단으로서 돈을 바라봐야 합니다.

그때 비로소 우리는 일생에 필요한 돈을 보다 더 체계적으로 생각하고, 이 과정에서 일과 회사를 우리를 돕는 수단으로서 생각할 수 있게 될 것입니다. 그리고 직장을 수단으로 생각하기 시작하는 순간이 바로 우리의 정체성이 우선되기 시작하는 순간입니다.

그제야 우리는 직장생활 속에서 구체적으로 어떤 일들을 다르게 해나가야 할지 볼 수 있게 될 것입니다. 단순히 상사가 지시하거나 사장이 원하는 대로가 아닌, 시장이 필요로 하고 그 안에서 분명한 가치 창출로 이어지는 일들이 무엇인지 알게 될 것입니다. 그리고 이에 필요한 역량을 어떻게 키워나갈지도 깨달아 실천하게 될 것입니다. 이러한 실천이 우리의 정체성을 강화하도록 도울 것이며 이를 바탕으로 우리를 둘러싼 자본주의 사회와 기업에서의 삶을 더 주도적으로 만들어갈 수 있게 될 것입니다.

이 모든 것을 조금이라도 더 빨리 생각하고 행동한다면 앞으로 우리가 쏟아야 할 노력의 종류와 맥락이 한층 더 분명해지고, 우리가 일을 통해 축적해나갈 수 있는 가치의 크기도 더 커질 수 있을 것입니다. 그래서 우리는 한시라도 더 빨리 자각하고, 성장을 향해 걸어나가야 합니다. 독자적인 직장생활의 길은 우리를 영원히 기다려주지 않습니다. 회사에 들어간 순간부터 언젠가 그곳을 떠나게 된다는 것은 이미 예정된 일입니다. 그래서 지금 바로 시작해야 합니다. 이러한 생각을 이 책에 담았습니다.

1장에서는 왜 우리가 직장생활을 독자적으로 바라봐야 하는지에 대한 생각을 정리했습니다. 삶의 본질적인 목적과 삶을 둘러싼 환경에 대한 이해를 바탕으로 독자적인 시선의 필요성을 설명했습니다. 더불어 '독자적인 삶'이 무엇인지도 설명했습니다. 저명한 철학자인 최진석 교수가 주창한 '생존의 질과 양'이라는 개념을 차용하여 독자적인 삶을 설명하며, 그 핵심이 되는 독립과 자유의 중요성을 거듭 강조하고자 했습니다.

2장에서는 무엇이 우리의 독자적인 직장생활을 도울 수 있는지를 살펴봤습니다. 특히 우리의 내면, 즉 정신적 차원에서 해야 할 일들과 외면, 그중에서도 특히 물질과 관련해서 우리가 가져야 할 중요한 관점에 대해 설명했습니다.

3장에서는 독자적인 직장생활을 방해하는 것들을 찾아봤습니다. 이미 오랜 교육을 통해 우리에게 각인된 구체적인 교육의 내용과 맥락부터 사회의 문화와 분위기, 직장 내에서의 일하는 방식과 소통의 방식 등, 우리에게 매우 익숙해져서 무엇이 문제인지 인지하기 어려운 것들을 소상히 밝혀보고자 했습니다.

마지막 장에서는 이 모든 것을 이해한 뒤, 우리가 실제 직장생활에서 다르게 적용해나갈 수 있는 실천 사항이 무엇인지 썼습니다. 크든 작든, 실제로 다르게 행동하기 시작할 때 비로소 우리의 삶에도 변화가 시작될 것입니다. 따라서 누구나 고민하고 실제로 실천할 수 있는 것들을 중심으로 정리하고자 했습니다.

회사 생활은 열심히 잘해왔는데, 인생 전체를 놓고 보면 아직 어딘지 불안하거나 부족하다고 느끼는 이들과 이 글을 나누고 싶습니다. 회사에서는 수십억 원, 때로는 수조 원의 숫자를 말하지만, 정작 자신의 은행 잔고는 수백만 원도 쉽사리 늘지 않는 바로 그런 이들과 이 글을 나누고 싶습니다. 그리고 삶을 보다 더 주도적이고 독립적으로 살고자 하는 모든 직장인들과 이 글을 나누고 싶습니다.

송강호가 "'써브라임'의 송강호입니다"라고 하지 않으며, 하정우가 "워크하우스컴퍼니의 하정우입니다"라고 하지 않으면서도 그토록 성공적인 길을 걸어온 것처럼, 이효리와 김동률이 은둔하며 살다가도 자신이 원하는 순간 앨범을 내고 방송에 나왔을 때 여전히 대중의 애정을 잃지 않는 것처럼, 우리도 그들처럼 독자적으로 살아가지 않을 이유가 조금도 없습니다. 이제 우리의 독자적 직장 생활을 시작할 때입니다.

2022년 7월 최형렬

차례

1부   절대로
회사에 의존하면
안 되는 이유

2부

독립과 자유는
어떻게 직장인의
무기가 되는가

3부 | 직장생활을 방해하는 6가지 함정

4부

새로운
직장인 되기
연습

배

절대로

회사에 의존하면

안 되는 이유

구조

어느 정도 일이 손에 익었다. 불러주는 곳이 늘었다. 조직을 대표해 대외 일정도 소화하고 적당한 의사 결정권을 가지고 몇 가지 일은 직접 맡아서 진행한다. 인정도 받지만 성과에 대한 압박도 커졌다. 연봉은 꽤 올랐고 어느새 안정적인 사회인으로 자리를 잡아가는 느낌이다. 가정을 꾸리고 아이들의 양육에 관심을 쏟기 시작한다. 가족을 잘 챙기고 싶지만 잦은 야근과 회식 때문에 괴롭다. 어쩐지 자기계발은 뒷전이 되었다. 무수한 정보와 쉼 없이 쏟아지는 업무에 소화력은 떨어져간다. 월급은 통장을 스치듯 사라지고, 이대로 가도 괜찮은지 고민이 든다. 일도 잘하고 가정도 잘 챙기고, 인간관계와 건강도 신경 쓰고 싶지만 한두 가지에 문제가 생기기 시작한다. 지인들의 승진, 이직, 창업 소식에 귀가 쫑긋 서지만, 막상 변화는 두렵다.

이 중 공감되거나 본인이 처한 상황과 유사하다고 생각되는 부분이 있다면 당신도 대한민국을 살아가는 직장인 중 한 명일 것이다. 우리는 열과 성을 다해 회사 일을 하면서도 단 한순간도 답답함, 또는 불안감을 온전히 떨치지 못한 채 살아간다. 또는 회사에 이런저런 불만을 느끼면서도 결국 참고 또 참으며 버틴다. 왜 그러는 걸까?

물론 인생에는 다양한 측면이 있기에 어떤 한 가지만 이유라 할수는 없겠지만, 직장인의 입장에서 우리는 회사를 둘러싼 환경에서 그 원인을 찾아볼 필요가 있다. 개별적인 특수성이 아닌, 구조적이고 공통적인 이유에서 비롯된 불안감과 두려움에는 반드시 이를 해결할 수 있는 공통된 실마리가 존재하기 때문이다.

우리는 자본주의 사회를 살아가고 있다. 말 그대로 자본이 중심이 되는 사회다. 자본주의는 이 세계에 존재하는 몇 가지 사회 시스템 중 삶의 질과 양의 측면에서 아직까지는 가장 높은 효율을 가진 것으로 인정받고 널리 사용되고 있는 시스템이다. 자본주의 시스템은 자본을 투입하여 재화와 서비스를 생산하고 이를 소비하며, 사회 전반의 편익과 효용을 높이는 일을 반복한다.

자본주의 시스템이 가장 많은 국가에서 널리 적용되고 있는 이유는, 이 시스템이 만들어내는 부의 총량과 공유되는 가치가 다른 시스템과 비교할 때 더 낫기 때문이다. 그렇기에 몇 가지 약점과 단점에도 불구하고 자본주의 체제가 만들어내는 부의 크기는 시간이 갈수록 더욱 커지고 있고, 그 안에서 살아 움직이는 핵심 주체인 기업의 영향력 또한 마찬가지로 거대해지고 있다.

이 시스템의 핵심 참여 주체를 단순화해 구분하자면 '자본가'와 '노동자'로 나눌 수 있다. 자본주의 사회에서 자본가는 노동자를 이용해 사업을 추진하며 돈을 벌고, 노동자는 자본가의 밑에서 노동력을 투입하고 그에 대해 보상을 받는다. 자본가는 노동자가 떠나지 않을 만큼만 임금을 주며 최대한의 성과를 얻고자 하고, 노동자는 일한 것에 대해서 가급적 더 많은 돈을 받고자 한다.

자본가들이 중심이 되어 경제활동이 가능한 집단의 단위로 구성하여 운영되는 '기업'은 실로 다양한 수단을 통해 빠르고 크게 자본을 모으고 이를 투자해 더 많은 돈을 벌어들인다. 그리고 이러한 과정에서 노동력을 제공할 '직원'을 고용해 구체적인 경영 활동을 수행한다.

이때 기업에 필요한 인재를 양산하는 역할을 담당하는 것은 교육 시스템이다. 교육은 '지식과 기술 따위를 가르치며 인격을 길러준다'라고 사전에 정의된 본원적 의미 외에도, 사회 시스템이 돌아가게 하는 데 필요한 인력을 길러내는 역할도 맡아왔다. 교육이 담당하는 무수히 많은 영역과 내용을 차치하고 그 틀만 보면 다음과 같다.

교육 시스템을 통해 노동력을 제공할 인력이 길러지고, 이들이 기업에 입사함으로써 노동을 제공해 기업의 생산을 만들어낸다. 이러한 맥락에서 한 직장인의 삶이 시작되고 이어진다. 직장생활에서 직장인들은 '커리어Career'라는 깃발을 들고 더 숙련된 노동력을 제공하기 위해 꾸준히 노력한다. 이들은 '봉급에 의존하여 생계를 꾸려나가는 사람'이라는 뜻에서 '샐러리맨salaried man'이라고 불린다.

즉, 자본가가 아닌 우리는 자본이 중심이 되는 시스템에서 자본가가 만들어둔 '기업'에 '직원'으로 들어가서 기업이 필요로 하는 일에 노동을 투입하고 그 보상으로 돈을 받아 살아가고 있다. 이때 직원이 받는 돈은 기업에 의해 철저하게 계산되어 지급되는데, 이는 대부분의 경우 '떠나지 않을 만큼'을 기준으로 삼고 있다.

따라서 어떤 기업이 '업계 최고 대우'라는 표현을 쓴다면, 이를 '다른 회사보다는 많이 줄 테니 떠나지 마세요' 정도의 뜻으로 이해한다 해도 큰 무리는 없다. 그러나 이는 '우리 회사에서 열심히 일하면 내 집 마련 또는 노후 대비는 문제없습니다'라는 의미와는 전혀 다르다.

이와 달리 자본의 증가에는 원론적으로 제한이 없고 따라서 자본가 노동의 투입을 통해 벌어들일 수 있는 돈에도 정해진 수준은 없다. 그러나 이것이, 어떤 기업이 전년 대비 200%의 성장을 이루었다고 해서 직원들의 연봉과 보너스도 전년 대비 200% 수준으로 올라간다는 의미는 아니다.

이러한 성장이 매해 이어지는 것은 아니기 때문에 일부는 만약의 경우를 대비해 유보금으로 잡아두고, 일부는 또다시 다른 성장에 투자해야 하기 때문이라는 것이 기업들 대부분의 설명이다. 만일 또 다른 투자에서 추가적인 성장이 발생했을 때 기다려준 직원들에게도 그 과실이 돌아간다면 이는 합리적인 설명이 될 것이다. 그러나 투자와 성장의 과실이 자본가와 주주에게만 돌아가고, 몇 년을 기다린 직원들에게는 어영부영 넘어가버리는 셈이 된다면 이는 합리적인 설명이 되지 못한다. 그럼에도 이런 경우는 놀라울 정도로 흔하다.

결국 직장생활에서 느끼는 답답함과 불안감의 원인을 우리가 속한 사회 시스템에서 찾는다면, 우리가 회사에서 얻을 수 있는 것에는 이미 어느 정도의 정해진 수준이 있고, 삶은 여전히 불확실성이 높으며, 이를 회사가 전부 해소해주지는 못한다는 데에서 모든 문제가 시작된다고 할 수 있다. 비록 이것이 유쾌한 깨달음은 아니더라도, 이러한 이해를 바탕으로 주어진 환경에서 우리가 할 수 있는 것들을 찾아 행하는 것이 환경을 불평하며 아무것도 하지 않는 것보다는 훨씬 나은 선택이다.

나아가 우리 각자가 보다 독자적으로 직장생활을 해나가는 것이 중요한 이유도 바로 여기에 있다. 우선, 사전적 정의로 '독자적'이라는 것은 '남에게 기대지 않고 혼자서 하는 것' 그리고 '다른 것과 구별되는 혼자만의 특유한 것'을 의미하는데, 이 책에서는 그 본래의 의미에 더해 줄임말로서 '독립적이고 자유한 것'의 의미로도 사용하고자 한다. 회사는 이미 직원과 관계를 맺는 고유의 틀을 가지고 있고, 개인의 모든 문제를 회사가 해결해줄 수는 없기 때문에, 우리는 더더욱 회사에 기대기보다는 독자적인 관점으로 회사와 관계를 만들어나가야 한다.

이를 위해 먼저 독립적이고 자유로운 한 인간으로서 스스로에 대한 관점을 분명하게 가져야 하고, 이 관점 위에서 직장에서도 보다 더 독립적이고 자유롭게 일을 해나가야 한다. 그렇지 않고 회사가 삶의 전부인 것처럼 생각하고 살다가는 어느 날 갑자기 회사를 떠나야 할 상황이 오거나 회사로부터 버림받는 순간이 왔을 때 대처하기 어렵게 된다.

이것이 바로 우리가 독자적인 관점을 가지고 직장생활을 해나가야만 하는 이유이자, 절대로 회사에 의존해서는 안 되는 직접적인 이유이다.

흐름

이유는 또 있다. 앞서 자본주의의 구조가 직장인에게 불안감을 안겨주는 직접적인 이유에 대해 살펴봤다. 그러나 구조 그 자체뿐 아니라 구조가 어떻게 흘러가고 있는지를 살펴보는 것 역시 우리를 둘러싼 환경을 이해하는 데 필요하다.

자본주의는 어떻게 흘러가고 있는가? 그것은 우리에게 어떻게 영향을 주고 있으며, 그에 따라 우리가 취해야 할 관점과 태도는 어떻게 변해가는가? 이 흐름을 보다 면밀하게 파악하기 위해서는 자본주의가 작동하고 있는 터전인 국가와 사회를 자세히 살펴볼 필요가 있다.

국가 경제가 성장하는 시기에는 기업이 발전하고 많은 일자리가 생겨난다. 여러 형태를 통해 자본이 나라에 모이기 시작하고 새로운 기술이 발전하며 생산성 또한 높아진다. 사람들의 삶의 질은 우상향右上向으로 향해가고, 이러한 나라에서 국민들은 더 높은 교육 열을 보이며 스스로의 역할을 찾아 기여하고 부를 축적한다.

경제개발 시기의 대한민국이 그러했다. 당시 경제 성장의 핵심 동력은 바로 '제조업의 수출'이었다. 김태유 교수는 저서 『한국의 시간』에서 1970~1980년대, 정부가 적자 수출 중심의 성장을 주도했고, 기업이 정부의 정책을 지탱하며 내수를 키우고 고용률을 끌어올렸다고 설명한다. 그리고 여기서 살아남은 기업들이 국제 경쟁력을 확보하거나 확고한 내수 시장을 차지하며 재벌의 형태로 발전했다.

이후 살아남은 기업들은 어느 정도 수준으로 이어진 정부의 내수 시장 보호와 기업 지원, 그리고 국가 경제 발전의 흐름 속에서 더욱 그 규모를 키우며 성장해갔다. 자연히 이 시기에는 이들 기업에 속한 직장인들도 안정적인 고용 환경과 지금보다 낮은 수준의 부동산 가격, 그리고 높은 저축 이율 등에 힘입어 먹고사는 데에 큰 문제가 없는 수준으로 각자의 삶을 준비할 수 있었다. 즉, 대기업은 괜찮은 선택지 중 한곳이었다.

그런데 세상이 변하기 시작했다. 1997년 IMF를 지나며 '대마불사大馬不死'의 신화는 급격히 무너지기 시작했고, 대한민국의 기업 시장은 해외 투자자들에게 더욱 개방되어갔다. 2000년대를 넘어서자 인터넷이라는 새로운 도구가 미국을 필두로 전 세계 기업 시장을 급격히 바꾸기 시작했다. 이는 IMF가 열어젖힌 빗장과는 비교도 할 수 없을 정도의 범위와 속도로 대한민국 소비 시장의 변화를 만들기 시작했다.

경쟁의 빗장이 풀린 대한민국은 급속도로 해외의 서비스를 받아들이기 시작했고, 급기야 대한민국이 해외 자본에 의해 활용되어 가치를 만들어내는 지점에까지 이르렀다. 2021년 우리는 대한민국 감독이 만든 〈오징어 게임〉에 전 세계가 열광하고, 그 수익을 넷플릭스가 상당 부분 얻어가는 모습을 목격한 바 있다.

다시 과거로 돌아가보자. 2007년 스티브잡스가 선보인 '아이폰'은 사람들이 언제나 인터넷에 '로그온'하도록 만들었고, 그러면서 이전에는 본 적 없는 완전히 새로운 경제 형태가 생겨나기 시작했다. IMF의 어려운 시기를 지나며 대한민국은 이제 '평생직장'이라는 개념이 유효하지 않다는 것을 깨달았다. 그럼에도 살아남은 재벌과 대기업의 상황은 중소기업보다 나았고, 따라서 청년들의 지원서는 여전히 공무원, 공기업 그리고 대기업의 책상 위로 몰려들었다. 고시 학원과 취업이 잘 되는 학과에 사람이 몰린 것 또한 당연했다.

인터넷이 가져온 변화에 올라탄 일부 호기심 많고 도전적인 집단이 한발 앞서 성공적으로 새로운 경제를 만들어내기 시작했고, 대기업이 아닌 신생 인터넷 기업에도 지원서가 들어가기 시작했다. 아이폰 이후 '모바일'의 시대는 더 새롭고 강한 기업 환경을 만들어냈다. 바로 스타트업 창업 생태계, 그리고 이전과 완전히 다른 특징과 형태를 띤 기술 기반 신생 기업들의 탄생이었다. 네이버와 카카오, 엔씨소프트와 넥슨, 그리고 배달의민족과 쿠팡이 시장에 존재감을 드러내기 시작했다.

보다 거시적인 사회 현상들은 어떻게 바뀌어왔을까? 사람들의 평균 수명이 늘었을 뿐 아니라, 질병을 치료할 수 있는 의료 기술은 나날이 발전하고 있다. 반면 출생률은 줄어들고 있으며, 그에 따라 점차 청년들이 비경제활동 인구의 복지를 위해 지출해야 할 세금은 늘어날 수밖에 없는 구조가 되어가고 있다. 환경 파괴가 심해지며 이상 현상이 점차 잦은 빈도로 나타나고 있고, 전 세계가 더 촘촘하게 연결되어가는 만큼 전 지구적인 형태의 질병도 창궐하고 있다.

대한민국을 특정해서 보면 지식이 근간이 되는 4차산업혁명의 대변혁 시기에 여전히 국제적인 위상을 지닌 기업은 새롭게 나오지 못하고 있고, 제조업 기반으로 성장한 몇몇 기업이 그나마 자리에서 버텨주고 있다. 필연적으로 나라의 경제 성장은 둔화되거나 성장의 과실을 해외 기업들에 내어줄 수밖에 없게 되었으며, 고용률은 계속 낮아져가고 있다. 집값은 상식을 벗어난 수준으로 상승하며 갖가지 사회 문제와 갈등을 야기하고 있고, 정치적 혼란 또한 더욱 가중되고 있다. 이 모든 상황에서 자연히 기업의 경영 또한 많은 불확실성을 안고 있다.

이 모든 흐름은 무엇을 의미할까? 이제는 어떤 기업이든 스스로의 앞날을 예측하기 점점 더 어려워지고 있다는 의미다. 고도의 경제 성장기 때처럼 정부의 방향에만 잘 협력하면 제한된 경쟁을 통해 특정한 영역에서 분명한 시장을 갖게 되는 일도, 대한민국 1등이 되면 향후 몇 년 동안은 안정적으로 기업을 경영할 수 있는 일도, 그리고 한번 확보한 고객을 여간해서는 다른 기업에게 빼앗기지 않고 지켜낼 수 있는 일도, 더는 가능하지 않다는 뜻이다.

이 모든 상황을 개인의 차원에서 해석하자면, 이제는 그 누구도 회사만 믿고 살아가기에 충분하지 않다는 의미가 된다. 뉴욕대학교 스턴경영대학원의 마케팅 교수인 스콧 갤러웨이는 2020년 저서 『거대한 가속Post Corona』에서 팬데믹 이후 이러한 현상이 더욱 가속화될 것을 예고하며 아래와 같이 기술했다.

"결국 팬데믹으로 가장 큰 타격을 입는 것은 재무제표가 부실하고 직원 수가 많은 대기업일 것이다."

그 어떤 기업에 몸을 담고 있든 기업에 의존하는 정도를 줄여나가며 보다 더 독립적이고 자유로운 주체로서 일을 해나갈 때, 우리는 각자의 삶에 필요한 것들을 더 잘 준비해낼 수 있을 것이다.

한편, 시장의 변화해가는 흐름을 이해하는 것만큼이나 중요하게 알아야 할 또 다른 흐름이 있다. 바로 앞으로 시장을 주도해나갈 것으로 예상되는 고객 변화의 흐름이다. 일례로 2021년 가장 자주 언급됐던 소비 계층인 'MZ세대'라는 흐름을 생각해보자. 사실 어느 시대에나 세대는 구분되어왔고 이는 주로 기성세대에 의해 신세대를 구분 짓고 타자화하는 형태로 행해져왔다. 과거의 'X세대' 'Y세대' '월드컵 세대' 등이 그 예다. 그러나 그 어떤 세대도 MZ세대만큼의 큰 상징성과 파급력을 갖지는 못했다. 과연 MZ세대는 무엇이 다르기에 이렇게 자주 언급되고, 연구되고, 심지어 여전히 그들과 관련된 책이 몇십 종이나 나오고 있을까?

우선 MZ세대를 해석하는 데 있어서 가장 피해야 할 관점을 짚어보자면, 그들을 단순히 '마케팅'을 위한 하나의 집단으로 구분 짓는 것이라 할 수 있겠다. 그 자체가 잘못되었기 때문이 아니라, 이런 구분이 MZ세대가 갖는 훨씬 더 중요한 두 가지 의미를 가릴 수 있기 때문이다.

MZ세대는 향후 경제와 소비 시장을 결정지을 주체이다. 그들 중 상당수는 전 세계가 연결되는 가운데 개별 국가 경제의 성장은 둔화되는 시기에 태어나 살고 있다. 일부 국가를 제외한 대부분의 OECD 국가에서 고령층은 늘어가고 결혼과 출산율은 낮아지고 있다. 지구 온난화로 인한 각종 이변이 발생하고, 전 세계에 전염병이 돌아 모든 것이 멈추었던 상황을 직접 눈으로 목도했다. 주요 도시를 중심으로 말도 안 되게 높아진 집값의 어려움을 겪고 있고, 동시에 짊어져야 하는 공적인 부담은 더욱 늘어만 간다. 가상 자산에 열광하며, 실재하는 자신이 아닌 가상의 자신에게 실재의 정체성을 양보하는 일까지도 마다하지 않는다.

MZ세대의 삶을 묘사할 수 있는 측면은 이보다 더 많지만 일단 여기서 멈추고, MZ세대의 존재적 의미를 실제 경제와 연결 지어서 몇 가지 현실적인 질문을 던져보자. 'MZ세대들이 위와 같은 환경을 이유로 앞으로 더 많이 결혼을 할까? 출산을 할까? 미래를 위해 돈을 모을까? 아니면 현재를 중요하게 여기며 소비하는 삶을 살게 될까? 회사에 헌신할까? 그보다 자신의 뜻을 더 중요하게 생각할까? 평생 한곳에 머무르며 살까? 아니면 이곳저곳을 돌아다니며 살까? 즉, 소유할까, 사용할까? 이러한 기조의 변화를 MZ세대가 아닌 세대는 간과해도 될까?'

또 다른 측면에서 MZ세대가 내포하고 있는 가장 중요한 의미는 바로 '글로벌'이다. 이들은 인터넷과 모바일을 통해 역사상 가장 높은 수준으로 전 지구적으로 연결되어 있다. 살면서 그러한 경험을 늘려가고 있는 밀레니얼 세대와 태어나 보니 이미 그렇게 되어 있는 Z세대 모두, 국가와 문화 차원에서 차이는 있더라도 '모바일'을 중심으로 하는 공통된 성향과 행동 양식을 띠고 있기 때문에 그들을 이해한다는 것은 곧 역사상 가장 광범위한 시장을 이해한다는 말이 된다.

나이키의 한정판 스니커즈에 온 세계가 열광하고 BTS에 빠져들고, 틱톡과 유튜브를 손에서 떼지 못하는 것은 비단 그 각각의 우수성 때문만이 아니라, 이들을 소비하는 행태와 특성이 이미 전 세계적으로 연결되어 보편화되어 있기 때문이다.

결국, 앞서의 질문들에 대해 MZ세대가 앞으로 어떤 결정을 할지, 그리고 MZ세대가 독보적으로 지니고 있는 전 세계적인 연결성이 앞으로 얼마나 더 강해질지가 바로 10년 후, 20년 후의 시장과 소비자가 어떻게 변해갈지를 보여줄 것이다. 나아가 MZ세대 이후 세대의 시장은 어떻게 될지를 보여주는 단초가 될 것이다.

그렇기 때문에 이는 기업에 매우 중요한 의미를 던져주고, 기업은 MZ세대를 주목할 수밖에 없는 것이다. 이를 개인의 차원에서 생각해보자. 시장이 변하고 기업이 이를 따라간다면, 개인 또한 변화하는 소비자 시장을 선도해가거나, 그 변화에 맞춰서 빠르게 적응할 수 있는 기업에 몸을 담는 것이 당연하다. 그곳에 바로 성장이 있고, 성장하는 기업에서 개인적 차원의 것도 더 많이 얻을 수 있기 때문이다.

그런데 이러한 변화는 한 번만 오고 마는 것일까? 그리고 변화를 선점한 기업은 영구히 선두를 유지할 수 있을까? 바로 이 질문에 대한 답 때문에, 우리는 한 기업에 몸을 담았다고 해서 그저 안도하며 살아갈 수 없고, 그래서도 안 되는 것이다.

이것이 바로 변하는 흐름 속에서 회사 생활을 하는 데에 언제나 독자적인 관점을 가져야 하는 이유다. 그리고 이러한 판단을 전적으로 회사, 즉 남에게 맡겨두는 것은 결코 좋은 생각이 아니다. 회사는 직원의 성장을 위해 세상의 흐름을 적극적으로 보여줄 동기도 가지고 있지만, 때로는 인재의 이탈을 막기 위해 그 흐름을 향한 우리의 눈을 가릴 동기도 충분히 가지고 있다는 점을 잊지 말자.

기업

그렇다면 자본주의 구조 안에서 핵심적인 역할을 담당하고 있는 주체인 기업은 어떤 존재일까? 기업은 직원을 어떻게 바라보고, 직원들에게 무엇을 바라고 있을까? 궁극적으로 왜 직원을 채용할까? 이를 이해하는 것은 직원의 입장에 있는 우리들에게 회사를 볼 때 가져야 하는 관점과 회사 안에서 어떻게 행동을 해야 할지에 대한 판단, 그리고 회사에 관한 결정을 내릴 때 삼아야 할 기준에 관해 중요한 힌트를 안겨준다. 그리고 이에 대해 분명히 이해하면 할수록 우리의 직장생활 또한 더욱 독자적이 되어갈 수 있다.

과거 농경사회에서 가족과 마을 단위의 노동 집단이 경제활동을 주도했던 건 그 땅에서 최대의 수확을 거두기 위해서였다. 이때 멀리 마을 바깥의 사람들이나 전혀 모르는 이방인의 노동력까지 필요로 하지 않았던 이유는 그 일의 기반이 되는 '땅'의 범위가 그리 넓지 않았기 때문이다. 즉, 경기도 이천의 어떤 땅을 일구는 데에 굳이 일본 교토에 살고 있는 사람의 노동력이 필요하지는 않았던 것이다.

그러나 현대 기술 기업 중심의 경제 구조가 자리를 잡고 팽창해가면서, 이제 기업은 지역을 넘어서, 그리고 관계의 종류나 친분의 정도와 무관하게, 능력이 있는 사람들을 어디서든 뽑아 일에 투입하기 시작했다. 일례로 구글 캠퍼스만 다녀봐도 많은 수의 중국인, 인도인, 한국인 직원을 볼 수 있게 된 것이다. 이는 잠실역 한복판에 위치한 쿠팡 본사도 마찬가지다.

과거 사회에서는 부족이나 동네 주민을 중심으로, 일을 '잘하고 못하고'와는 조금 다른 기준에서 그리고 일의 성과와는 덜 직접적인 연관을 가지고 함께 일할 사람을 찾고 일의 집단을 이루었다. 그러던 것이 이제는 보다 더 분명하게 그 일을 해낼 것으로 기대되는 사람들을 중심으로 하는 집단으로 완전히 바뀐 것이다. 그리고 기업 세계 안에서도 이처럼 철저하게 일의 기능과 역량을 중심으로 전 세계에서 필요한 사람을 찾아 조직을 꾸릴 역량이 있는 기업과, 그렇지 못한 기업 간의 역량의 격차가 점점 커지고 있다.

이것이 바로 현대 사회에서 기업이 직원을 채용하는 맥락이다. 즉, 우리가 어떤 회사에 다닌다는 것은, 그 회사가 직원에게 기대하는 바를 만들어낼 것을 요구받고 있다는 말과 같다. 회사는 더 이상

농경사회의 품앗이(농촌에서의 비교적 단순한 협동 형식)도 아니고, 두레(농촌 사회의 상호 협력, 감찰을 목적으로 조직된 촌락 단위)도 아니다. 따라서 회사가 요구하는 바에 부응할 경우 우리는 더 많은 보상을 기대할 수 있고, 그렇지 못할 경우 더는 같이하지 못하게 될 수도 있다. 농경 사회에서는 성과가 적다고 함께 일하던 가족이나 마을 주민을 내치지 않았지만, 기업 사회의 협력 관계는 이와는 완전히 다른 것이다. 물론 사회에 따라 각종 법률과 사회 관습이 보호막이 되어주는 경우도 있지만, 그러함에도 기업이 직원에 대해 갖는 매우 단순하고 본질적인 관점이 바로 그 효용에 있다는 점을 분명하게 인지할 필요가 있다. 그래서 사회의 보호막이 작동하지 않는 순간에도 스스로를 지켜내고 보호할 수 있는 힘을 길러둬야 한다.

기업이 직원에게 기대하는 바를 조금 더 자세히 살펴보자. 기업이 어떤 직원을 고용할 때는 분명한 기대치를 가지고 있다. 바로 기업이 하고자 하는 일에 직원들이 기여하여 성과를 내는 것이다. 이를 더 잘하기 위해 기업은 목표를 정하고, 목표를 향해 가는 계획을 수립하며, 이를 실행할 조직을 꾸린다. 그리고 그 조직 중 한곳에 우리가 속하게 된다.

그렇다면 여기서 우리가 해야 할 일은 분명하다. 목표를 달성하기 위해 계획에 따라 일을 잘 실행하는 것이다. 그것을 해내면 기업은 우리를 인정하고, 해내지 못하면 인정하지 않는다. 기업은 이를 해내기 위해 할 수 있는 모든 수단을 동원한다. 월급을 주고, 사무 환경을 만들고, 시설과 개발에 투자를 하고, 경쟁에서 이기기 위해 마케팅을 한다. 그러나 언제나 원하는 대로 일이 되는 것은 아니다. 시장은 늘 변수로 가득 차 있기 때문이다. 그렇기 때문에 기업은 '그럼에도' 해내거나 버텨주는 직원들을 더 아끼게 된다. 그리고 이들에게 '특별한' 대접을 하기도 한다.

그렇다면 어떤 직원이 이러한 '특별한' 수준에 다가갈 수 있을까? 그 한 가지는 기업이 정해준 틀에 따라 남들보다 더 빠르고 확실하게 움직이는 것이고, 또 다른 한 가지는 정해진 틀을 넘어서 더 많은 것을 해내는 것이다. 두 경우의 구체적인 사례는 다양하겠으나, 둘 모두 수동적으로 일하는 사람이 얻을 수 있는 수준 너머에 존재하는 세계라는 점에서는 같다.

회사가 말한 것과 다른 접근법, 회사가 말한 것 이상을 추구하는 자세, 그리고 주어진 정보를 넘어서 필요한 것을 스스로 찾아내는 정신은 회사에 의존하지 않고 스스로 독립적이고 자유한 사고를 할 수 있는 이들이 가질 수 있는 특징이다. 즉, 독자적으로 생각하고 행동할 수 있는 사람만이 기업에 정말 필요한 것들을 기여하고 더 많은 것을 보상받을 수 있는 법이다.

『국화와 꽃』 이후 단연 최고의 일본 분석서로 꼽히며 2021년 서점가를 휩쓸었던 태가트 머피R. Taggart Murphy의 『일본의 굴레Japan and the Shackles of the Past』는 일본 기업들의 채용 방식과 인재를 육성하는 방식을 흥미롭게 묘사하고 있다.

"회사에서 고속 승진을 꿈꾸는 젊은 남자들에게 열려 있는 고용의 기회는 단 한 차례, 대학을 졸업할 때뿐이었다. …중략… 고속 승진 트랙으로 입사한 남자 직원들은 첫 10년가량을 영업 운영, 재무, 인사 등 회사 대부분의 부서를 옮겨 다니며 순환 근무했다. 특출난 자질을 나타낸 일부 남자 직원들은 사내 유학제도를 통해 1~2년간 해외의 일류 대학원에 경영학 등 전문 분야를 공부하러 가기도 했다."

우리나라 대기업의 이야기라고 해도 어색할 게 없을 정도로 익숙하게 느껴지는 머피의 묘사는 대기업 중심 시대 직장인의 성장 방정식을 군더더기 없이 묘사하고 있다. 인재들이 한 기업 내 여러 부서를 옮겨 다니며 경험을 쌓고, 해외 MBA 유학을 다녀오기도 하며, 10년이 지난 즈음부터 조직장과 임원의 코스를 밟을 이들과 그렇지 않을 이들이 나뉘는 형태의 인재 육성 코스는 기업이 분명한 사업의 영역을 점유하고, 일정 수준 이상의 규모와, 지속적인 성장성을 갖춘 상태에서 지속 가능했다. 이는 4차산업혁명 이전까지 가장 효과가 높았던 방식이다.

그리고 4차산업혁명은 이미 대한민국 시장 깊숙이 침투해 우리에게 변화를 요구하고 있다. 단적으로 한 기업에 10년 이상을 다니는 것이 가장 효과적인 방정식인지를 되물어야 하고, 그랬을 때 우리가 얻을 수 있는 것이 최대치가 맞는지를 진지하게 고민해야 하며, 그 정도 시간이 지난 후에 우리가 다른 도전을 하려 할 때 남아 있는 무기가 무엇인지 분명하게 확인해야 한다. 4차산업혁명 도래 이후의 10년은 강산이 바뀌어도 여러 번 바뀌는 기간이기 때문이다.

결론적으로 머피의 글에서와 같은 성장 경로를 자신의 지향점으로 잡고 직장생활을 하기보다는 시장에서 본질적인 가치를 만들어내는 속도, 또는 접근법을 찾는 데에 더 많은 역량을 집중하는 것이 앞으로의 시대에는 훨씬 더 중요하고 유의미할 것이다. 이를 위해 자신의 직장생활을 더욱 독립적이고 자유한 관점에서 바라보는 것은 당연한 조건이다.

책임

독자적인 삶을 추구하는 것이 중요한 이유는 바로 그것이 '나의 삶'이기 때문이다. 직장생활에서 '독자성'을 추구해야 하는 이유 또한 마찬가지다. 직장생활은 '나의 삶'의 일부이자 삶의 질과 양을 증가시킬 동력으로써 매우 중요한 요소이기 때문이다. 조금 더 현실적으로 표현하면, 누구도 나의 삶을 대신 책임지지 않기 때문이다. 법인으로서의 회사도, 사장이나 상사, 동료나 후배, 그리고 협력업체와 파트너, 어느 누구도 당신의 삶을 책임지지 않는다.

물론 직장생활을 하며 훌륭한 사람들과 내 성장을 도와주는 이들을 만나는 것은 축복이며, 이는 실제로 우리의 삶을 돕는다. 그러함에도 이를 축복과 운의 의미 이상으로 여겨서는 안 되며 오히려 이러한 축복과 운이 수차례 지속적으로 반복되게 만들기 위해서라도 더욱 스스로 자유할 수 있는 상태로 나아가야 한다.

흔히 입사를 결혼에 비유하기도 한다. 서로 맞는 짝을 골라 결혼을 하듯, 회사와 구성원도 서로를 골라 함께한다는 의미다. 그럴듯하게 들리는 비유이긴 하지만 여기서 언급되지 않은 점이 한 가지 있다. 바로 우리 모두는 가슴속에 이혼 서류를 품고 회사와 결혼을 한다는 점이다. 그 이혼 서류에 찍힌 날짜는 '정년퇴직'이다. 이 시기는 시대가 변화하며 점점 더 빨라지고 있고, 반면에 우리가 살아갈 날은 점점 더 길어지고 있다. 많은 경우 우리는 회사와 이혼한 후에도 수십 년은 먹고살아야 한다.

하지만 회사는 여기에 어떤 관심도 없다. 당신이 회사를 얼마나 아끼고 사랑하는지, 또는 회사에 얼마나 열정을 다하고 헌신하는지도 이 차이를 의미 있는 수준으로 바꿀 수는 없다. 자본가와 노동자의 관계란 본래 그런 법이고, 상사든 동료든 노동자끼리 서로를 챙기는 데에는 명확한 한계가 있기 때문이다.

이 맥락에서 우리가 간과하면 안 되는 두 가지 통찰은 다음과 같다. 먼저 회사를 다니는 동안 최대한 자본을 모아야 한다. 즉, 얻을 수 있는 자본의 크기를 최대한 키우고 거기에 걸리는 기간을 최소한으로 단축해야 한다. 다음으로는 직장생활을 통해 최대한 자본가와 직접 접할 수 있는 환경을 만들고 찾아가야 한다. 대부분의 경우 서로 다른 높이의 직급을 가진 노동자들끼리 지지고 볶고, 논쟁을 펼치는 것이 직장생활의 큰 부분을 차지하고 있지만, 이들은 서로의 자본을 키우는 데에 본질적으로 중대한 영향을 주기 어려운 관계다.

따라서 우리의 애정과 충성 그리고 열정과 헌신은 회사가 아닌 자기 자신을 향해야 하며, 스스로에 대한 애정과 열정을 바탕으로 회사에서 더 많이 배우고 더 많이 기여하며 더 많이 깨우치고 연마하여 돈을 버는 데에 집중해야 한다. 한 기업의 임원이 되는 일 역시 노동자 중에 더 높은 직급을 갖는다는 것보다 자본가에 더 가까워진다는 점에서 중요하다. 그런 맥락에서 '임원이 직장생활의 꽃'이라고 말하는 것과 '임원이 자본의 세계로 가까이 나아가는 첫발'이라고 말하는 것에는 매우 큰 차이가 있다.

임원이 되고 나면 자본가로부터 더 많은 신뢰를 얻는 동시에 더 큰 기여를 할 기회를 잡고, 이를 이루는 데에 집중해야 한다. 이것이 가능하도록 돕는 기본자세 역시 회사에 대한 충성이 아니라 자신에 대한 충성이 되어야 한다. 직급에 무관하게, 자본가가 어떤 이를 '직원'으로 여기고, 어떤 이를 '파트너'로 여기는지 곰곰이 생각해볼 필요가 있다.

그렇다면 자신의 삶을 책임진다는 것은 어떤 의미일까? 우리는 행복하고 싶다. 더 정확하게, 우리는 '끝까지' 행복하고 싶다. 한두 달, 또는 일이 년의 행복을 유보하면서 현실을 참고 인내하는 이유도 바로 여기에 있다. 회사에서 참고 견디며 어떻게든 올라가려, 혹은 살아남으려 하는 이유도 바로 여기에 있다. 조금 미루더라도 더 오랫동안 온전히 행복하고 싶기 때문이다.

회사를 다니는 동안 임원에 올랐든 아니든, 좋은 복지를 누렸든 아니든, 큰 조직을 거느렸든 그렇지 않든, 은퇴 후 그 모든 것이 사라졌을 때 정작 자신의 삶에 필요한 만큼의 준비를 해두지 못했다면 끝까지 행복하는 데에 많은 어려움이 따를 수밖에 없다. 따라서 우리에게 정답은, 좋은 위치에 오르고, 좋은 복지를 누리고, 큰 조직을 거느리는 환경이 주어졌을 때 그 어느 때보다 더 독자적으로 스스로의 실력을 키우고 이를 바탕으로 회사에 최대한으로 기여하여 결국 자신에게 돌아오는 보상과 역량과 평판을 최고치로 키우는 것이다.

비슷한 역할과 동등하게 주어진 시간을 누군가는 '흘려보내듯' 보내고, 또 다른 누군가는 자신에게 필요한 역량을 키워 회사의 사업과 연관된 일을 실험하는 데에 지속적으로 쏟으며, 이를 통해 더 많은 경험과 더 높은 실력을 쌓는 데에 쓰기도 한다. 전자의 경우에는 주로 '퇴근 시간'과 '휴가 일수' '회사의 복리후생' '조직 개편' '타 조직의 사람들' 등을 대화의 주된 소재로 올릴 것이고, 후자의 경우 '실험' '결과' '가치' '시장' '고객' 등을 따지고 논의하느라 정작 '복지'나 '근무 시간' 같은 것에 대해서는 잘 모르고 지낼 수도 있을 것이다.

극단적인 비교이지만 만약 어느 날 회사에서 인력을 줄여야 하는 상황이 왔을 때 스스로의 삶을 책임지기에 더 유리한 입장에 있는 사람은 누구일까? 정해진 원칙과 근무 시간, 복리후생을 누리는 데 시간을 쓰는 것을 흠 잡거나 따지는 사람은 아무도 없겠지만, 결정적인 순간이 왔을 때 회사가 먼저 찾을 사람은 단연코 후자의 사람이다. 가치를 만들어내지 못하는 회사는 희망이 없고, 회사가 가치를 만들어내지 못하는 직원을 지킬 이유는 사실 없기 때문이다.

특히, 사회 분위기가 바뀌어감에 따라 직장생활에 있어서도 회사가 직원에게, 상사가 부하에게, 동료가 동료에게 편치 않은 이야기를 건네는 것이 더 어려워져가고 있다. 바꿔 말하면 직장생활을 하는 동안 당신이 어떤 식으로 행동하든 간에 그에 관한 피드백을 들을 기회는 점점 줄어들 여지가 크다는 뜻이다. 그러나 피드백을 받지 못하면 회사가 자신을 어떻게 생각하는지 알기 어려워지고 이는 발전 기회의 상실로 이어진다.

사실 '직장인Office Worker'이라는 단어에는 이미 엄청난 구분이 지어져 있다. 표준국어대사전에 등재되어 있는 직장인의 정의는 '규칙적으로 직장을 다니면서 급료를 받아 생활하는 사람'이다. 이와 비슷한 표현으로 '샐러리맨Salaried Man' 역시 '봉급에 의존하여 생계를 꾸려나가는 사람'을 뜻한다. 또한 '회사원Company Employee'은 '회사에서 근무하는 사람'을, '직원Employee'은 '일정한 직장에 근무하는 사람을 통틀어 이르는 말'이다.

즉, '직장인'과 '샐러리맨' '회사원' '직원' 모두 시간당 노동력을 제공하고 이를 근거로 봉급을 받아 생활을 꾸리는 이들을 가리킨다. 이 중 그 어떤 단어도 직장인이 회사를 위해 더 많은 가치를 만들어낼 가능성을 내포하거나, 직장인이 자본가의 수준으로 성장할 수 있는 여지에 대한 뉘앙스를 담고 있지 않다.

직장인이 스스로를 '기업인' 또는 '기업가'라고 말하는 것은 어떨까? '기업인Business Person'의 정의는 '기업에 자본을 대고 기업의 경영을 담당하는 사람'이고, 최근 스타트업 창업가를 중심으로 많이 사용되는 단어 'Entrepreneur' 역시 '사업가'를 뜻하며, 그 의미 자체로 직장인을 가리키지는 않는다.

이 모든 단어 속에서 직장인은 철저하게 수동적이고 피동적인 존재로 정의되어 있다. 달리 해석하면 직장인이 그 정도의 의미로 존재하고, 그 정도의 역할만 해주어도 사회의 입장에서는 괜찮다는 뜻이다. 사회적으로 괜찮다는 것은 결국 그들을 고용하는 '기업'의 입장에서도 그 정도로 충분했다는 말이다. 따라서 직장인이 수동적으로 일하고, 정해진 만큼을 보여주는 것은 어쩌면 사회와 기업이 직장인에게 가진 기대 수준이 그러했음을 의미하는 것일 수도 있다. 오죽하면 '모난 돌이 정 맞는다'라는 말도 있지 않은가?

그러나 이와 같은 생각에는 '직장인 개인의 삶'에 대한 해석이 빠져 있다. 즉, 어떤 직장인이 어디까지 성장하고, 어디까지 갈 것인지, 그들의 삶에 필요한 것은 무엇인지에 대한 개념은 담겨 있지 않은 것이다. 마치 어떤 액션 영화 속에서 주인공만 살아남으면 그 과정에서 죽음을 당하는 수많은 개인들의 삶과 이야기는 묻지도 따지지도 않는 것처럼, 사전 속 '직장인'은 철저히 기업과 사회의 입장에서 정의되고 구성되어 왔다. 그 안에서 주인공은 기업이고, 죽음을 당하는 개인들은 바로 직장인인 것이다.

그렇기 때문에 결국 직장인의 삶의 문제를 해결해야 하는 당사자는 직장인 자신이다. 우리는 자기 자신을 스스로 책임져야만 한다. 그리고 이를 위해 필요한 첫 번째 무기가 바로 삶과 직장생활에 대해 독립적이고 자유로운 시선을 갖는 것이다. 회사의 이름과 회사가 만들어둔 구조, 방식에 의존하는 것이 아니라 자신의 독자적인 길과 방식을 정의하고 이를 도울 존재로써 회사를 찾고 활용할 때 우리는 비로소 기본적인 수준에서 다음 단계로 '건너갈' 자격을 갖출 수 있다. 따라서 스스로 더 주체적으로 직장생활을 해나가는 것만이 자기 삶을 책임지는 가장 직접적이고 중요한 첫걸음이 된다. 주체적이기 위해서는 회사에 수동적으로 반응하는 'Office Worker'나 'Salaried Man' 또는 'Employee'가 아니라 자신의 삶에 대한 'Business Person'이자 'Entrepreneur'가 되어야 한다. 우리 모두는 자신이라는 주식회사에서 기업가이고 창업가이다.

이렇게 할 때 우리는 비로소 독자적인 가치를 만들어내면서, 회사에 기대어 사는 것이 아니라 회사가 우리를 통해 원하는 것을 얻어가고, 따라서 회사가 우리의 필요를 더 높게 인정하는 수준으로 나아갈 수 있게 될 것이다.

독립과 자유

그렇다면 '독자적'인 직장생활을 한다는 것은 무엇일까? 회사에 기대지 않고 남들과 구별되는 고유의 특성을 갖추는 동시에 독립적이고 자유롭게 일을 한다는 것은 과연 어떤 의미일까? 이는 회사의 꿈과 비전을 자신의 꿈과 비전에 맞추는 것이다. 즉, 회사의 꿈과 비전에 무조건적으로 동의하고 그에 충성을 하거나 반대로 회사의 비전과는 전혀 상관없는 자신의 비전을 추구하는 것이 아니라, 결국은 자신의 꿈과 비전을 이루기 위해 그에 맞는 회사를 찾아서 회사의 환경을 적극적으로 활용하여 함께 성장하며 결과를 만들고 그 대가를 공유하는 것이다.

여기서 중요한 사실은 자신의 꿈과 비전이 분명할수록 유리하다는 점이다. 자신의 비전이 분명해야 그 비전을 실현하는 데 필요한 역량과 경험이 무엇인지를 올바르게 정의할 수 있고, 이를 가장 효과적으로 만들어갈 수 있는 회사를 찾아, 실제 필요한 경험을 쌓아가며 비전에 가까이 갈 수 있기 때문이다.

물론 비전이 분명하지 않거나 비전보다는 삶에서 생겨나는 우연의 합이 한 개인의 성장으로 이어지는 경우도 있다. 이 역시 다양한 삶의 모습 중 하나이며, 분명한 비전이 없다는 것이 그 자체로 문제라고 말할 수 있는 근거는 없다. 이러한 경우에도 우리는 성장에 도움이 되는 회사를 찾아 그곳에 몸을 담고, 자신에게 주어지는 과제와 다가오는 기회에 적극적으로 임하며 그로부터 새로운 배움을 얻고 역량을 키워갈 수 있다.

중요한 것은 둘 중 어떤 경우가 되었든, 우리는 독립적이고 자유로운 존재로서 회사를 택하고 경험을 쌓고, 일을 해나가야 한다는 것이다. 이는 본질적으로 회사에 모든 것을 맡기고, 회사의 뜻에 전적으로 의지하고, 회사의 방향을 따르는 것에 모든 노력을 기울이는 삶과는 그 내용과 구성이 전혀 다르다. 독자적인 관점을 가져야만 회사를 통해 자신을 키우고, 자신을 키우는 데 필요한 것을 회사를 통해 분명히 얻고 채울 수 있다.

그렇다면 독자적인 관점은 어떻게 가질 수 있을까? 우리가 가져야 할 비전과 꿈의 근원은 바로 '자신의 욕망'이다. 이 말은 곧 그 근원이 '타인의 욕망'이 되어서는 안 된다는 의미이기도 하다. 누구나 자신의 욕망에 따라 그것을 이루기 위한 방법으로써 일을 하고 성과를 내고 돈을 번다. 이 과정이 반복되면서 그 정도와 효율이 개선되어가며 자신이 원하는 것에 더 가까이 다가설 수 있게 된다.

따라서 자신의 욕망을 분명하게 인식할 때 스스로에게 필요한 것을 알게 되고, 이를 도울 터전이자 수단으로써 회사를 충분히 활용할 수 있게 된다. 이때의 욕망은 '성공'일 수도 있고, '부'일 수도 있고, '명예'일 수도 있다. 또는 '안락한 삶'일 수도, '평온한 마음'일 수도 있다. 혹은, '끝없는 성장'일 수도 있다.

사람에 따라 다양한 종류의 욕망을 갖고 있겠지만, 그 각각을 깊게 파고들면 그 끝에 남는 공통된 요소 중 하나는 바로 '행복'이다. 인간은 가능하면 '행복'을 원하고, 가능하면 행복하지 않은 상태, 즉 '불행'을 피하고 싶어 하는 존재이기 때문이다. 그러니 욕망은 아주 단순하게 해석하면 '행복을 주는 것들을 바라는 마음'이 될 것이다.

안타깝게도 1990년대와 2000년대를 거치며 이루어진 대한민국의 교육은 '개인의 욕망'을 '집단의 꿈'만큼이나 중요하게 여기지 않았고, 이를 강조하여 가르치지도 않았다. 국가의 발전이 중요하며, 공동체의 행복을 위해 개인이 헌신하고 희생해야 한다는 정서는 '일제시대'를 겪고 '6·25전쟁'을 거치며, '새마을 운동'을 통해 '한강의 기적'을 일으킨 그 시절로부터 그리 많이 바뀐 것 같지 않다.

뒤에서 더 자세히 들여다보겠지만 이는 우리가 받는 교육에 뿌리 깊이 녹아 있다. 시대에 따라 변화해가는 교육의 내용을 살펴보는 것 못지않게 교육의 형태가 지금과 같이 되어온 역사적 맥락과 배경, 그리고 그 안에 살아 숨 쉬는 의사 결정자들의 의도를 이해해야 비로소 우리는 교육에 대해서도 더욱 독자적인 관점을 가질 수 있다.

결론적으로 자신의 욕망을 보다 분명하게 인지하고 이를 의사 결정의 중요한 기준으로 삼을 때, 우리는 더욱 독자적인 관점을 가질 수 있다. 그리고 이러한 관점을 바탕으로 각자 자신의 욕망이 충족되는 방향으로 회사를 결정하고 활용할 수 있어야 한다. 여기서 스스로의 욕망에 기반해 행동한다는 것은 매우 현실적인 차원의 이야기다. 이는 가족, 친구, 사회가 좋아한다는 이유만으로 어떤 직업을 갖기 위해 애쓰지 않는 것이며, 상사가 지시한다고 해서 통 안될 것 같은 일을 어쩔 수 없이 수행하는 상황을 재고하는 것이다. 그리고 자신이 만들어낸 성과에 대해 근거를 갖고 매우 분명하게 보상을 요구하는 것이다.

이러한 이들이 모여 기업을 구성하고 사회를 이룰 때, 이들은 명확한 기준과 계산에 따라서 각자의 삶을 성장시키려는 목표를 갖고 공동체와 기업의 발전을 위해 더욱 노력하게 될 것이다. 즉, 이러한 맥락이 모여 구성된 개인과 사회의 삶의 질과 양이 그렇지 않은 상태에서 만들어지는 것보다 더 크게 된다. 인간의 욕망은 많은 것을 더욱 크고 빠르게 발전시켜온 핵심 동력이기 때문이다.

그렇지 않고서 어떤 사회가 개인의 욕망은 수면 아래에 덮어둔 채 집단의 이익과 꿈에만 초점을 맞추는 순간, 그 사회에는 다양한 형태의 부정과 부패, 비리와 불법이 만연하게 될 뿐 아니라 각 개인의 삶 또한 성장하기 어렵게 된다. 사회에서 수용하지 않는 개인의 욕망은 어떤 식으로든 돌파구를 찾을 것이며, 투명하게 공유되지 않는 성장의 길은 무수히 많은 개인의 가능성을 수면 아래 묻어두거나, 그들이 비정상적인 경로를 찾는 데에 혈안이 되게 만들고 말 것이기 때문이다.

욕망에 관해 또 한 가지 중요한 점은, '자신의 욕망'의 실체에 대해 무서울 정도로 냉정하게 들여다봐야 한다는 점이다. 그것이 오롯이 본인에게만 득이 되고 자신이 속한 집단에는 이익이 되지 않는 유의 욕망이라면, 욕망을 실현하기 위해 활용하고자 했던 회사와의 관계가 지속되지 못할 가능성이 크다. 또는 어떤 욕망이 숙고의 과정을 전혀 거치지 않은 어설픈 것이라면 이를 추구하는 사이 자신의 평판은 무참히 깨져갈 것이고 이는 정작 중요한 욕망을 더 지속적으로 추구해가는 일을 방해할 것이다.

결국 숙고의 과정을 통해 자신의 진정한 욕망을 구체적으로 파악하고 이를 추구하는 데에 도움이 될 회사를 찾아 스스로의 욕망과 회사의 욕망이 서로 통하는 방향으로 일을 해나가야 한다. 이것이 우리를 더욱 독립적이고 자유로운 직장인으로 만들어주는 길이다.

2H
T

독립과 자유는

어떻게 직장인의

무기가 되는가

정신과 물질

직장생활에 대한 이야기를 잠시 덮어두고 우리의 삶에 대해 생각해보자. 우리는 삶을 조금 더 낫게 살고자 하는 마음에 노력을 하고 에너지를 쏟고 때로는 헌신한다. 그렇다면 우리는 왜 살까? 태어났으니까? 사는 게 좋아서? 혹은, 죽지 못해서?

살면서 수도 없이 듣고, 스스로도 궁금해했던 이 흔하디흔한 질문에 대해 철학자 최진석 교수는 다음과 같은 방식으로 인간이 사는 이유를 정의하고, 그 답을 통해 우리가 집중해서 할 일이 무엇인지 제시한다.

그에 따르면 인간이 사는 이유는 생존 그 자체이며, 따라서 인간이 하는 모든 활동은 생존의 질과 양을 증가시키기 위해 이루어진다. 즉, '생존 활동'이다. 더 쉽게 말하면 '사는 것'이 우리의 목적이며, 이때 양적으로나 질적으로 '더 잘살 수 있도록' 하는 활동에 힘쓰는 것이 우리가 해야 할 일이라는 것이다.

사실 인류 역사는 생존을 위한 투쟁의 연속, 또는 생존의 질과 양을 높이기 위한 실험의 반복이라고 할 수 있다. 자연 환경의 변화와 들짐승, 질병의 위험으로부터 생존하기 위해 인류가 싸우며 발전해온 과정이나, 현대 사회에 속한 평범한 사람의 삶의 질이 중세시대의 왕족보다도 월등히 낫다는 사실 등이 이러한 해석을 뒷받침한다.

생존을 위해 우리에게 필요한 것은 무엇일까? 바로 의식주다. 어린 시절부터 수도 없이 들어온 단어일 것이다. 음절의 순서를 가장 빨리 생존에 타격을 주는 순으로 다시 정리하면 아마 식, 주, 의에 가까울 것이다. 우리는 먹어야 살 수 있고, 자연 환경과 짐승으로부터 스스로를 보호하고 쉼을 취할 수 있는 집을 필요로 하며, 몸을 보호하고 사회를 살아가기 위해 옷을 입어야 한다.

그렇다면 생존 그 자체를 넘어 '생존의 질과 양'을 늘리려면 무엇이 필요할까? 여기에는 두 가지 요소가 필요하다. 바로 '정신'과 '물질'이다. 무엇이 생존의 질과 양을 늘려주는지, 어느 정도로 늘릴지, 어떻게 늘릴지, 늘린 걸 잃지 않을 방법은 무엇인지, 나의 생존의 질과 양이 다른 사람의 그것과 어떻게 연결되는지, 이 모든 것의 답이 바로 '정신'과 연결되어 있다.

한편, 우리의 정신을 바탕으로 이를 준비하는 데 필요한 것은 상당 부분 '물질'과 관련이 있다. 앞서 말한 식, 주, 의를 마련하는 데에도 당연히 물질이 필요한데 이것이 바로 '돈'이다. 즉, 우리는 생존에 연관되는 '올바른 정신'을 갖고, 이를 돕는 '물질'을 확보함으로써 삶에 필요한 것들을 채우고 사용하고 행하며 생존의 질과 양을 늘려갈 수 있다. 따라서 우리는 각자의 생존의 질과 양을 늘리는 데에 필요한 정신을 함양하는 동시에 이를 도울 물질을 추구해야 한다. 이것이 우리가 살아가는 이유를 극대화하는 길이다.

사회의 구성과 사회 유지의 메커니즘도 이러한 맥락에서 이해할 수 있다. 우리 사회는 생존의 질과 양을 극대화하는 데에 현재 가장 효율적인 제도로 널리 인정받고 있는 자본주의 제도를 바탕으로 삼고 있다. 사회 전체의 생산과 효용을 높이기 위해 정부와 공공부문, 기업은 서로 협력한다. 교육으로 필요한 인재를 육성하고 사회의 성장과 발전을 위한 일들을 만들어나가는 것이 그것이다.

이러한 맥락에서 사회와 국가와 완전히 무관하게 살아갈 수 있는 개인은 현실적으로 존재하기도 어렵고, 존재한다고 해도 그가 독자적으로 자신의 생존의 질과 양을 늘려나가기는 매우 힘들다.

가령 사람이 살지 않는 땅이라고 해서 바닥을 다지고 거기에 집을 지어 살면서 국가와 사회가 정한 모든 원칙과 세금을 회피하며 '이 땅은 내 땅이요' 라고 주장할 수 있는 방법은 없다. 자본주의 사회에서 국가는 사유재산을 보호하기 위해 그 근간이 되는 원칙을 법으로 정하여 모두에게 동일하게 적용하고 있기 때문이다. 또한 국가가 금지한 제품을 암암리에 들여 왔다고 하더라도 정상적인 시장을 대상으로 공개적으로 거래할 방법은 없다. 이러한 거래 역시 시장과 그 참여자를 보호하기 위해 법으로 규정되어 제한되기 때문이다.

즉, 우리의 모든 활동은 필연적으로 사회와 국가의 시스템과 높은 연관성을 가지고 행해진다. 같은 맥락에서 '교육'과 '직장생활' 또한 우리가 속한 사회의 생존의 질과 양을 증가시키는 방향과 연결되어 있다고 이해하는 편이 합리적이다. 그리고 개인의 차원보다 좀 더 높은 국가와 사회의 차원에서 이러한 활동이 구성되고 이루어져왔다면, 이를 개인의 생존의 질과 양을 늘리는 일과도 연결되도록 하는 것이 개인의 입장에서는 중요하다.

교육을 받을 때면 왜 우리의 교육 체계가 고정된 교실에서 정해진 과목을 들으며 암기식으로 학습하는 방식으로 이루어졌는지를, 우리나라의 교육을 구성한 이들이 추구한 국가와 사회의 생존 활동과 연결 지어 생각할 수 있어야 한다. 왜 미국이나 유럽의 다른 나라에서는 이와 다른 형태의 교육 시스템을 운영하고 있는지를, 마찬가지로 그들 국가의 생존 활동과 연결해 생각할 수 있어야 한다. 국가가 처한 상황과 성장의 단계가 바뀌면, 국가에 필요한 인재를 육성하고 사회 시스템을 유지하기 위해 국가와 사회가 계획하는 교육의 형태도 바뀔 수 있기 때문이다.

직장을 다닐 때에도 기업의 생존 활동을 이해하고, 철저하게 기업의 생존의 질과 양을 늘릴 수 있도록 도움으로써 개인의 생존의 질과 양을 증가시키는 속도를 늘릴 수 있다. 또는 만약 기업의 생존 활동과 개인의 생존 활동 간의 연결 고리가 끊어져 있는 것을 발견하고 한시라도 빨리 다른 길을 찾아 나설 수도 있을 것이다.

이처럼 생존의 질과 양을 중심으로 우리의 삶을 이해하고 여기에 필요한 활동을 고민하는 것은 우리가 더 나은 삶을 만들어갈 수 있도록 돕는다. 그것이 인간이 살아가는 이유와 매우 밀접하게 관련이 되어 있기 때문이다. 그리고 이에 필요한 정신을 갖추고 물질을 채워나가는 것은 생존의 질과 양을 늘리는 것을 돕는 구체적이고 실질적인 방법이다.

일의 이유

앞서 말한 생존 활동이 직장생활과는 무슨 상관일까? 이는 필연적으로 우리가 왜 회사에 다니고, 왜 일을 하는가에 대한 질문으로 이어진다.

"왜 일하는가?"

현대 경영의 거장 이나모리 가즈오가 쓴 동명의 책도 있지만, 답은 이미 나와 있다. 우리 각자의 생존의 질과 양을 늘리기 위해서다. 즉, 더 잘살기 위해서다. 이러한 근본적인 이유가 중심에 자리한 다음에 이를 보완하는 이유로 자아 성취, 성장, 돈 등을 덧붙일 수 있다. 즉, 생존 활동이 핵심인 것이다.

그렇다고 해도 우리는 여전히 이렇게 질문할 수 있다.

"왜 굳이 '회사'인가?"

여기에 대한 답도 분명하다. 굳이 회사일 필요는 어디에도 없다. 우리는 생존의 질과 양을 늘리기 위해서 창업을 할 수도 있고, 창작 활동을 할 수도 있다. 투자를 할 수도 있고, 회사에 다닐 수도 있다. 또는 공적 부문에서 일할 수도 있고, 의료나 법률 등의 서비스 영역에 종사할 수도 있다. 만약 이미 가진 자산이 많아서 일을 하지 않아도 된다면 굳이 일을 해야 한다고 주장할 이유 역시 그 어디에도 없다. 그저 이 중 자신의 상황에 맞는 어떤 것을 택하면 될 뿐이다. 그리고 이 모든 것은 결국 '일'이라는 측면에서는 동일하다.

'일'은 '무엇을 이루거나 적절한 대가를 받기 위하여 어떤 장소에서 일정한 시간 동안 몸을 움직이거나 머리를 쓰는 활동, 또는 그 활동의 대상'으로 정의할 수 있다. 즉, '이루고자 하는 것'과 '대가', 우리가 하는 '활동', 그 '활동의 대상'이 일을 이루는 핵심 요소다. 이 요소들이 담겨 있다면 그게 무엇이든 '일'이라 할 수 있으며, 그 종류와 형태는 개인이 마주한 상황이자 각자의 선택일 뿐이다.

그중 '회사'에서 '일'을 하는 직장인은 다른 종류의 일을 하는 이들과 다른 큰 특징을 가지고 있다. 바로 그 수가 다른 종류의 일을 하는 이들보다 월등히 많고, 광범위하며, 역사가 길다는 점이다. 즉, 어느 사회에서나 창업가보다 직장인의 수가 많고, 창작가보다 직장인의 수가 많다. 직장인의 절대적인 수는 투자가와 정치인, 공무원, 의사, 변호사의 수보다 월등히 많다.

그리고 그들이 다루는 일의 종류와 영역은 실로 광범위하다. 농업법인도 회사고, 교육법인도 회사고, 무역법인도 회사다. 법무법인도 회사고, 유통법인도 회사다. 이게 무슨 뜻일까? 우리가 살아가는 현대 사회에서는 '회사'가 사회 전체의 생존의 질과 양을 늘리는 가장 대표적인 수단이라는 의미다.

회사원의 평균 연봉이 창업가, 창작가, 투자가, 정치인, 공무원, 의사, 변호사 등의 연봉보다 높지 않을 수는 있지만, 그들이 만들어 내는 부의 총계는 다른 종류의 부의 양을 합친 것보다 월등히 크다. 그렇기 때문에 우리 사회 전반을 성장으로 견인하는 가장 대표적인 '증폭 장치'가 바로 기업이고, 그 기업에 소속되어 일하는 직장인들의 수가 절대적으로 많은 것이다.

그러므로 이 책에서는 '일'을 특히 '회사'와 연관 지어 바라보고자 한다. 우리는 인류 역사를 통틀어 생존 활동에 가장 효율적인 수단으로 널리 차용되고 있는 자본주의하의 기업 시스템이 어떤 측면에서 사회의 생존의 질과 양을 늘리는 핵심 장치로 작동하고 있는지, 기업이 이를 위해 자본과 노동을 어떻게 움직이고 있는지를 이해해야 한다. 이것이 사회와 기업에 속한 우리가 일을 하는 이유,

곧 우리의 생존 활동과 직결되기 때문이다.

왜 기업이 우리 사회에서 가장 큰 집단일까? 그 이유는 우리 사회의 시스템이 자본주의이기 때문이다. 현재 우리나라의 경제를 움직이는 핵심 시스템인 자본주의는 '사유 재산제에 바탕을 두고 이윤 획득을 위해 상품의 생산과 소비가 이루어지는 경제체제'다. '사유 재산'과 '이윤'이 자본주의의 핵심 결괏값Output이라면, 이를 가능하게 해주는 핵심 과정값Input은 바로 상품의 '생산'과 '소비'다. 그리고 이 중 '생산'을 담당하는 핵심 주체가 바로 기업이고, 기업의 활동에서 파생된 이윤과 축적된 사유 재산이 '소비'로 이어진다는 점에서 기업은 '소비'에도 막대한 영향력을 끼친다.

즉, 기업은 자본주의의 핵심 주체다. 그렇기 때문에 자본주의 시스템하에서는 기업의 생존 활동이 그 기업이 속한 사회와 국가의 생존 활동과 긴밀하게 연결된다. 그리고 같은 맥락에서 이러한 기업들을 만들어내는 '창업가'의 역할은 그 무엇보다도 중요하다. 그런데 여기서 재밌는 점은 그 어떤 '창업가'도 혼자 일할 수는 없다는 사실이다.

기업이 '법인'의 형태로 운영되고, '법인'이 법에 의하여 권리, 의무의 주체로서 자격을 부여받은 '사람'으로 인정되는 것은 결국 기업은 뛰어난 한 사람이 아닌 다수의 사람들이 모여 움직이는 존재이기 때문이다. 누군가는 스티브 잡스를 추앙하고, 제프 베조스를 칭찬하고, 일론 머스크를 이야기하지만 애플과 아마존과 테슬라가 결국 한 사람만으로 움직이는 집단이 아니란 것은 분명한 객관적 사실이다. 즉, 모든 기업에는 그 기업에 소속되어 일하는 구성원으로서의 '직장인'이 있다.

『거대한 가속』에서 스콧 갤러웨이는 이렇게 지적한 바 있다.

"팀쿡처럼 똑똑하고 조너선 아이브처럼 유리 직사각형 디자인에 능숙한 사람이 있었기에 애플이 2019년에 200억 달러어치의 시계와 이어폰을 팔 수 있었던 거라고 생각한다면, 당신은 내 이야기를 제대로 귀담아듣지 않은 것이다. 여기서 중요한 것은 플라이휠이다."

결국 이 플라이휠Flywheel을 만들어낸 주체는 법으로 권리와 의무를 부여받은 '회사'라는 사람(법인) 자체다. 그리고 이 사람의 몸은 창업가와 경영자, 직원들이 결합된 형태로 유기적으로 구성되어 있다. 즉, 모든 기업의 생존 활동 속에는 그 기업을 일으킨 창업가뿐 아니라 그 기업에 속해 있는 모든 직장인의 노력이 담겨 있다.

바꿔 말하면 기업은 그들의 생존 활동을 위해 직원을 고용하고 일을 하게 만든다. 그렇기 때문에 모든 직장인은 좁게는 그가 속한 기업의 생존의 질과 양을 늘리는 데에 기여하고, 좀 더 넓게는 기업이 속한 사회와 국가의 생존의 질과 양을 증가시키는 데에도 영향을 끼친다. 이것이 바로 우리가 속한 사회에서 어떤 일이 생겨나고 움직이는 맥락이다.

이를 한 개인의 차원에서 바라보면 어떨까? 자본주의 사회의 생존 활동을 수많은 기업들이 이끌어나가고, 각 기업은 창업가와 경영자, 그리고 직장인의 협력을 바탕으로 생존 활동을 추구한다. 이제 남은 퍼즐은 바로 '이 모든 활동이 각 개인에게는 어떤 영향을 미치는가?'이다. 결론적으로, 이 모든 활동은 사회와 기업의 생존의 질과 양을 증가시킬 뿐 아니라 우리 각자의 삶의 질과 양을 늘리는 데에도 결정적인 기여를 해야 한다. 이것이 바로 우리가 일을 하는 이유이고, 우리가 일을 했으면 마땅히 얻어야 하는 결과이다.

오늘 당신이 한 일이 당신 자신의 생존의 질과 양을 늘리는 데에 도움이 되었는가? 먹고 싶은 음식을 충분히 먹을 수 있고, 원하는 좋은 환경에서 살아갈 수 있도록 돕고 있으며, 스스로를 보호할 뿐 아니라 좋은 이미지를 만들어내도록 도와주는 옷을 입도록 해주고 있는가? 여기에 필요한 정신적이고 물질적인 도움을 직장생활을 통해 적절히 얻고, 차곡차곡 쌓아가고 있는가? 이러한 질문에 답을 하며 우리는 일을 하는 이유를 더욱 분명하게 찾아갈 수 있게 될 것이다.

성장과 성취

일을 통해 얻어야 하는 핵심이 생존의 질과 양이라면, 이를 돕는 대표적인 장치는 바로 '성장'과 '성취'다. 일을 통해 성장하고, 성취를 이루는 것이 중요한 이유는 개인적인 차원의 자아실현과 만족감을 넘어서, 그것이 회사가 직원을 더 크고 높게 사용하는 근거가 되기 때문이다. 그리고 이 방정식의 결괏값은 '가치'로 연결되어 있다.

즉, 성장하고 성취를 이루어가는 사람이 더 높은 가치를 만들어낼 수 있다는 방정식에 따라 회사는 직원들이 성장하고 더 많은 성취를 이루는 것을 원하고, 독려한다. 그리고 이를 해내는 직원들에게 더 많은 역할과 보상을 제공할 준비를 하고 있다. 따라서 더 빨리 발전하고, 더 많이 이루어, 더 많은 인정을 받고, 더 나은 보상을 받는 것은 우리가 회사에 대한 의존도를 줄이고 독립적이고 자유롭게 일을 해갈 수 있도록 돕는 핵심 요소가 된다.

그렇다면 성장과 성취는 어디에서 올까? 한 개인이 성장해가는 데에 도움을 주는 두 가지 성장 환경은 다음과 같다. 먼저 높은 유연성을 갖고 자신이 하는 일들을 연결 짓는 힘을 키워야 한다. 그리고 회사를 보는 관점에서는, 성장률이 높은 회사에 몸을 담는 것이 특히 중요하다.

먼저 개인이 유연성을 갖고 더 많은 것들을 연결 짓는 것이 중요한 이유를 생각해보자. 사실 이는 경제개발계획의 시대보다는 4차 산업혁명 시대에 더욱 중요한 요소다. 과거에는 국가가 경제의 발전을 기획하고 주도했다. 그리고 계획에 따라 이를 수행할 기업을 정해서 키웠고, 적절한 선에서 산업 영역을 구분해주기도 했다. 기업은 개척하기보다는 이미 검증된 외국의 사례를 참고해 빠르게 복제해냈다.

유연성보다는 실행력이 중요했고, '무엇이 미래인가?'보다는 '안 되면 되게 하라'는 정신이 더 유효했다. 그런데 재밌는 건 우리가 따라잡으려 했던 수많은 기업들이 이미 한 시대를 마무리했고, 앞서간 나라에서는 새로운 기업들이 전혀 새로운 영역에서 완전히 다른 방식으로 세계 경제를 다시 정의하고, 선도하기 시작했다는 사실이다.

삼성이 GE와 소니를 넘어서는 사이, 현대가 포드와 도요타를

맹추격하는 사이, 롯데와 신세계가 확장과 효율을 논하는 사이, 그곳에서는 이미 또 다른 혁신이 만들어져 이미 애플과 테슬라와 아마존이 미래를 만들기 시작했고, 물리적으로 아무것도 없는 세상에서 수십조 원의 돈을 쓸어 담는 구글과 메타(구 페이스북)가 등장했다. 그사이 중국에서도 샤오미, BYD, 알리바바와 틱톡이 세계를 호령하기 시작했다.

우리는 따라갔지만 그들은 따돌렸고, 우리는 개선했지만 그들은 개척했다. 그리고 이 모든 변화가 '물리적 생산 기반'과 완전히 다른 '디지털 인프라' 위에서 이루어져감에 따라 그 변화의 속도와 효용의 한계는 완전히 다른 차원으로 넘어갔다. 이젠 도저히 따라잡을 수 없게 됐다는 이야기를 하려는 게 아니다. 앞으로는 전과 같은 방식이 더는 통하지 않는다는 말을 하려는 것이다. 게임의 룰이 완전히 바뀌었다. 따라가는 이들에게는 언제나 축계망리逐鷄望籬(닭 쫓던 개 지붕 쳐다본다)의 상황이 벌어지는 세상이 온 것이다.

이러한 맥락에서 기업과 그 기업에 소속되어 일을 하는 직장인들은 필연적으로 새로운 관점을 가질 것을 요구받게 되었고, 그에 따라 익숙하지 않은 방식까지 고려해야 하는 상황이 이어지고 있다. 이때 이것들을 가능하게 해주는 핵심이 바로 '유연성'과 '연결'이다.

유연성은 앞으로 다가올 시대의 변화에 초점을 맞춰야 하며, 경쟁의 규칙이 급변하는 환경에 언제든 적응할 수 있는 수준으로 높여야 한다. 또한 사업을 진행하는 주된 방식과 필요한 핵심 역량의 변화에 대해 열려갈 수 있도록, 나아가 다양한 조직의 형태 변화를 수용할 수 있도록 우리를 도와야 한다.

이를 직장인의 관점에서 생각해보면, 언제든 시장의 변화에 따라 자신이 속한 기업의 포지션과 경쟁에 대한 관점을 바꿀 수 있는 유연성, 필요한 역량도 바꿀 수 있는 유연성, 그리고 변하는 조직의 형태 속에서 자신의 역할과 직급까지도 수시로 바꿀 수 있는 유연성을 의미한다.

그리고 이 유연성이 시기와 상황에 따라 각기 단절된 경험으로 끝나지 않고 효과적으로 축적되도록 하기 위해 필요한 것이 바로 '연결성'이다. 즉, 어제와 오늘의 경험과 역량이 다르더라도 이 둘을 어떤 맥락에서든 연결시키는 것이 그렇지 않은 경우보다 훨씬 효과적인데, 이를 가능하게 해주는 것은 외적으로는 이미 변한 시장 환경의 흐름을 따라가는 맥락이고, 내적으로는 A라는 역량이 확장되거나, 수정되거나, 구체화되어 B라는 역량으로 이어져가는 맥락이다.

전자는 시장이 오프라인에서 온라인으로 이동했기 때문에 어제까지 오프라인 소매 사업의 역량을 쌓아오던 사람이 오늘부터는 온라인 소매 사업 역량을 쌓기 시작하는 것이고, 후자는 어제까지는 좋은 브랜드와 상품을 찾고 사오는 머천다이징 능력에 집중하던 사람이 그 역량을 확장하기 위해 오늘부터는 온라인에서 고객의 행동을 이해하는 것에 노력을 쏟는 것이다. 이러한 변화가 선택이 아니라 필수가 된 이유는 기업 환경이 수시로, 급격히 변하고 있기 때문이다.

또한 개인의 성장과 성취를 위한 환경적 배경으로서 회사를 생각해보면, 성장률이 높은 기업에서 일을 하는 것이 그렇지 못한 기업에서 일을 하는 것보다 개인의 성장과 성취에 훨씬 많은 도움을 줄 수 있다. 만약 어떤 회사가 전년도 대비 50% 성장했다면 이는 산술적으로 그 회사에 속한 직원들 역시 전년 대비 50% 높은 성과를 냈다는 의미가 될 수 있다. 또는 개념적으로 직원들이 투입한 노력의 질이 전년 대비 50% 개선되었다는 의미일 수도 있다. 따라서 성장률이 높은 회사에서 일하는 직장인은 그렇지 않은 회사에서 일하는 직장인보다 더 높고 큰 성장의 가능성을 갖는다.

반면 성장이 없거나 역성장을 하는 기업에 속한 직장인들의 경우, 성장을 증명할 환경을 마주하기 어려울뿐더러 이미 투입한 노력이 어떤 결과로 이어졌는지 판단할 근거도 찾기 어렵게 된다. 즉, 실행에는 노력을 기울였지만 결과로 이어지지 못함으로 인해서 정작 무엇이 시장에서 통하는 방정식인지를 확인할 기회조차 갖지 못하게 될 수도 있다. 또는 종종 시장에서의 유의미한 실행보다는 조직 내부적으로 어떻게 성장할지 탁상공론을 하는 데에 너무 많은 시간을 소모하게 될 수도 있다. 물론 이러한 환경에서도 나름의 배움이 있고 성장이 있다고 느낄 수도 있다. 그러나 냉정하게 보자면 이는 자기 위안, 혹은 집단 위안의 수준을 벗어나지 못하는 것일 수도 있음을 알아야 한다.

이 모든 것을 노력 차원에서 알아주기에 시장은 크고, 경쟁은 치열하며, 객관적으로 검증해내는 기업과 사람들도 충분히 존재하기 때문이다. 따라서 숫자로 검증되지 않은 '성장'에서 너무 많이 배우려 하기보다는, 검증하는 데에 용이한 성장률을 갖춘 회사를 찾거나, 이에 필요한 활동을 이어가는 것이 독자적인 직장생활의 관점에서는 더욱 합리적인 접근이 될 수 있다.

유연성과 연결

결국 유연성을 가지고 연결을 해내며, 성장이 있는 환경에서 일을 하는 것이 개인의 성장과 성취에 중요하다. 그리고 성장과 성취가 있는 직장인이 기업으로부터 더 많이 인정받고, 더 널리 쓰인다. 이것이 결국 더 큰 역할과 더 높은 보상으로 이어지며, 결과적으로 한 개인의 삶의 질과 양을 늘리는 결정적인 힘이 된다.

이를 조금 더 자세히 살펴보면 다음과 같다. 우리는 지나치게 분명한 방향을 추구하기보다는 유연성을 갖추는 데에 힘써야 하고, 유연하더라도 자신이 해온 서로 다른 일들을 충분히 연결 지을 수 있어야 한다. 연결 짓기 위해 경험과 배움을 지속적으로 축적하며 이것이 성장으로 이어지도록 만들어야 한다. 이를 위해 가져야 할 가장 현실적이고도 단순한 관점은 성장하는 회사에서 개인 또한 성장을 추구하는 것이다. 결국 '유연' '연결' '축적'이 성장의 핵심 요소다. 그 하나하나를 살펴보자.

앞서 유연해야만 하는 이유를 4차산업혁명과 연결하여 설명했다. 유연하지 못해 몰락한 기업의 사례는 수도 없이 많다. MBA의 사례 연구에 곧잘 등장하는 노키아와 코닥의 사례부터, 토이저러스, 메이시스, 시어스의 사례까지, 디지털을 기반으로 폭발적으로 성장하고 변화하는 산업 생태계 앞에서 앞으로도 이러한 사례는 더욱 증가할 것이다. 이때 그 각각의 사례 분석 못지않게 우리가 가져야 할 중요한 논의는 바로 '방향인가, 속도인가'의 문제다.

사실 이 논쟁은 다양한 분야에서 오래도록 이어져왔지만, 급변하는 기업 환경에 직접적인 영향을 받을 수밖에 없는 직장인들의 입장에서도 매우 중요한 문제다. 결론적으로, 적어도 지금의 기업 환경에서는 '방향'보다는 '속도'가 더 중요하다. 더 분명하게는, '뚜렷한 한 방향'을 추구하기보다는, '높은 속도로 방향을 수시로 바꾸며 맞는 방향을 찾아가는 것'이 보다 더 효과적인 접근법이다.

전자는 '분명한 전략'으로 대변되고, 후자는 '빠른 실험'으로 상징된다. 즉, 과거에는 분명하고 깊이 있는 전략을 수립하고 이를 바탕으로 실행해나가는 것이 중요했지만, 4차산업혁명 시대에는 무엇이 어떻게 작용할지 그 누구도 책상에 앉아서는 알 수 없으니, 오히려 가설을 두고 빠르게 실험하고 그 결과를 통해 답을 찾아가야 한다. 이것이 가능해진 결정적인 이유는 고객과 직접 만날 수 있는 접점이 폭발적으로 증가했기 때문이다.

유통 산업을 예로 들자면, 과거에는 고객이 백화점 매장을 방문해야만 만날 수 있었고, 만난다고 하더라도 매장은 고객에 대해 극히 제한적인 정보만을 얻을 수 있을 뿐이었다. 그러던 것이 온라인, 나아가 모바일의 시대로 바뀌면서 이제는 훨씬 많은 수의 고객을 훨씬 긴 시간 동안, 훨씬 깊은 차원에서 만나고 분석할 수 있게 되었다.

얼마나 많은 수의 고객이 백화점에 방문하기 위해 어디서 어떤 교통수단을 타고 이동하거나 또는 이동하지 않기로 결정했으며, 이들 중 일부가 백화점에 와서도 어떤 매장에 들어갔는지, 왜 들어갔고, 들어가서 뭘 봤고, 왜 상품을 구매하거나 구매하지 않았는지 알길이 없었기 때문에 과거 백화점은 최대한 많이 정제되고, 준비되어 있어야만 했다. 따라서 백화점이 선정한 브랜드가 고객이 선호하는 브랜드가 될 수밖에 없었고, 백화점이 밀어주는 제품이 높은 판매를 올리는 제품이 될 수밖에 없었다.

그러나 온라인과 모바일 시대로 접어들면서 물리적 장소로 이동하는 데 시간을 들이지 않고도 훨씬 많은 고객이 제품을 볼 수 있게 되었고, 이들이 어떤 제품을 얼마나 봤고, 어느 단계까지 봤는지를 모두 기록할 수 있게 되었다.

이런 데이터들을 쌓고 분석하면서 많은 정보를 알 수 있게 되었다. 이를 통해 고객이 가격에 민감한지, 제품을 표현하는 방식에 민감한지, 또는 구매를 하는 과정 자체에 민감한지를 판단할 수 있고, 누가 어떤 브랜드를 좋아하는지, 그 브랜드를 인지하는 방법과 과정이 무엇인지도 알 수 있게 되었다.

그에 따라 권력은 백화점과 그 직원들이 아니라 훨씬 광범위한 정보를 제공하는 각각의 브랜드와 그 정보를 확인할 수 있는 터를 제공하는 플랫폼 기업으로 이동했다. 전자의 시대에 백화점은 분명한 전략으로 어떤 브랜드를 영입할지, 어떤 제품을 얼마에 제공할지를 주도적으로 계획했지만, 후자의 시대에 온라인과 모바일 커머스 기업들은 그저 많은 제품을 보여주고 고객의 활동과 선택을 추적하며 고객이 선호하는 제품을 파악하고 보강하는 데 집중하게 되었다.

이들에게는 이미 기업이 주체가 되어 수립하는 전략보다는, 시장의 소비자가 원하는 것을 파악할 수 있도록 돕는 다양한 실험이 훨씬 더 중요한 수단이 되었다. 따라서 4차산업혁명 시대의 커머스 기업은 그것이 백화점이든, 온라인 기업이든 스스로의 판단에 기대기보다는 시장의 판단을 파악하는 데에 힘써야 하고, 경쟁 상대도 옆 동네 백화점이 아니라 모바일 속 아주 영세한 기업이 될 수도 있음을 알고, 그에 대응할 수 있어야 한다. 바야흐로 '유연성'이 중요해졌다. 그리고 유연성의 핵심은 빠른 실험이다.

개인 차원에서도 회사로부터 빠른 실험을 할 수 있는 환경을 얼마나 제공받을 수 있는지, 그리고 스스로는 이를 얼마나 만들 수 있는지를 알아야 한다. 일을 가능한 가장 구체적인 수준까지 들어가서 기획하고, 판단하며, 그 수준에서 행할 수 있는 몇 가지 선택지를 찾아 실행하며 각 선택지의 차이를 발견하고 거기에서 더 나은 통찰을 얻기 위해 노력해야 한다.

회사를 볼 때는, 유연성을 가진 회사에 몸을 담는 것이 전혀 유연하지 않은 회사에 몸을 담은 채 스스로 투사가 되어 유연성을 부르짖는 것보다 훨씬 효율적인 접근임을 잊지 말아야 한다.

다만 여기에는 한 가지 구조적인 문제가 있다. 유연성이 필요하다는 것은 환경이 변하고 있다는 전제 위에서 성립된다. 환경이 변하고 있기 때문에 유연해야 한다는 말은 달리 말하면 어제까지 쌓았던 역량이 내일은 큰 의미를 갖지 못하게 될 수도 있다는 것을 의미한다. 즉, 단절이 발생할 수 있다는 뜻이다.

단절은 그동안 어떤 것을 얻기 위해 쏟았던 시간과 노력이 무의미해질 수도 있다는 것을 뜻하고, 이는 분명한 손실이다. 회사와 정해진 기간 동안 일을 해야 하는 직장인의 입장에서는 시간을 소모하는 결과가 되어버리고 만다. 이는 당연히 지양해야 할 상황이다. 그렇기 때문에 '유연성'과 언제나 함께 고려되어야 하는 요소가 바로 '연결'이다.

연결이란 무엇인가? 어떤 일의 경험이 당시에 좋았던 이유는 그것이 당신에게 어떤 가치를 주었기 때문이다. 성취가 있었든, 성장이 있었든, 혹은 배우고 싶은 점을 가진 사람들을 만나게 되었든,

어떤 일이 좋은 경험이 될 수 있는 이유는 바로 그 때문이다. 그리고 그 일은 시간이 지나고 나서도 여전히 좋은 의미를 지니고 있을 수 있다. 거기서 얻은 가치가 다음 일에 또 다른 방식으로 영향을 주기 때문이다. 여기서 이를 가능하게 해주는 요소가 바로 '연결'이다.

즉, 연결의 핵심은 바로 이전의 일에서 만들어진 '가치'가 또 다른 '가치'를 만들어내는 데에 도움을 주는 것이다. 따라서 그 구체적인 내용과 모습이 다른 것과는 별개로, 그리고 그 크기가 크든 작든 간에, 연결이 되기 위해서는 반드시 가치가 만들어져야 하고 이전과 이후에 만들어진 가치가 서로 통해야 한다.

어떻게 이것이 가능할까? 과연 무엇이 각기 다른 경험과 시간의 연결을 도울까? 바로 '의미'와 그 '적용'이다. 자신이 하는 일의 의미를 자각하고, 그 본질을 습득하여 다른 곳에도 적용하는 것이다. 데이터를 다루던 사람이 갑자기 제품을 기획하게 된다 하더라도, 데이터를 통해 발견한 고객의 패턴을 제품 구석구석에 녹여내는 식으로 서로 다른 두 가지 일을 자연스럽게 연결할 수 있다.

영업을 하던 사람이 인사를 담당하게 되더라도 영업을 하며 발견한 사람의 행동 양식과 특성을 조직 관리에 녹여낼 수 있다. 마케팅을 하던 사람이 어느 날 갑자기 고객 서비스를 담당하게 되어도 그간 고객을 이해하기 위해 쏟은 노력을 고객 서비스에 담아 활용할 수 있다.

환경이 변했기에 하는 일의 종류와 내용은 바뀔 수 있지만 그 각각을 관통하는 가치가 두 가지 각기 다른 일을 연결하고, 그렇기 때문에 우리가 유연성을 추구할 때에도, 각 경험들은 단절되지 않고 이어질 수 있는 것이다.

반면 이러한 '의미'와 '적용'을 보지 못하게 방해하는 요소는 의외로 '기능'과 그와 관련된 '자격 수단' 등이다. 즉, 위와 같은 상황에서 당신이 '제품 기획'을 전공했는지, '인사' 과목을 수강했는지, 또는 '고객 서비스' 학위를 가지고 있는지를 묻는 '기능'과 '자격 수단' 중심의 질문은 우리가 정작 중요한 본질을 관통하는 가치를 보지 못하게 방해한다. 따라서 연결을 하고자 할 때 가장 주의해야 할 부분도 이러한 기능적이고 자격 수단에 얽매인 사고방식에서 벗어나는 일이다.

한편, 이미 성장했고 어느 정도 규모를 갖춘 기업 또는 어느 정도 경험을 쌓았고 성취를 이루어본 직장인의 입장에서는 이처럼 유연하게 방향을 바꾸거나 새로운 방향을 지향하는 것 자체가 쉬운 일이 아니다. 무언가를 바꾸고자 할 때, 그에 수반되는 관성이 강하기 때문이다. 몸이 무거워진다고도 표현할 수 있을 것이다. 그렇기 때문에 이들에게는 방향을 바꾸고 나서 그 전과 후를 연결한다는 개념이 말처럼 쉬운 것이 아니다. 그 자체가 높은 기회비용을 수반할 뿐 아니라, 이제껏 쌓아온 일종의 몸에 밴 '방식'이 있기 때문이다.

우리의 생각이 여기까지 이른다면, 비로소 수많은 MBA 수업에서 그토록 많은 시간을 공들여 '사례 연구'를 진행하고, 언론에서 그 많은 자원을 써서 놀랄 만한 기업 성공 사례들을 쏟아낸다는 사실을 떠올리고, 그 의미를 숙고해야 할 때가 된 것이다. 링크드인을 창업하여 마이크로소프트에 성공적으로 매각한 것으로 유명한 실리콘밸리의 저명한 기업가이자 투자자인 리드 호프먼^{Reid Hoffman}은 이 모든 맥락과 상황을 단 한마디로 훌륭히 묘사했다.

"Remember: if you don't find the risk, risk will find you."

스스로 위험을 찾아 도전하며 이를 기회로 만들어가지 않으면, 어느 날 들이닥칠 위험에 놀라고 당황하게 될 것이다. 4차산업혁명의 시대에 유연하지 못하고, 연결 짓지 못하는 것은 분명한 위험이다. 그리고 이 위험을 방관할 때 벌어지는 문제는 우리의 생존과 직결된다. 이는 기업에도 개인에게도 마찬가지다.

감사하게도, 또 다른 실리콘밸리의 거인은 우리가 유연해도 괜찮다는 점과, 결국은 연결해낼 것이라는 응원의 메시지를 높은 수준의 추상으로 다음과 같이 전하고 있다.

"You can't connect the dots looking forward; you can only connect them looking backwards. So you have to trust that the dots will somehow connect in your future."

　우리가 하는 모든 행동이 하나의 점을 찍는 것이라고 할 때, 수많은 점들을 찍는 그 순간에는 점의 의미를 다 알 수 없을 것이다. 그러나 모든 순간이 지나고 나서 그 점들이 하나의 선으로 연결되면 그제야 우리가 찍었던 점들의 의미를 알 수 있게 될 것이다. 그리고 모든 점은 각각 의미가 있을 것이다. 결국, 점들의 의미를 다 알 수 없는 순간순간도 값지지만, 결국 가장 좋은 순간은 점들이 연결되어 선을 이루는 순간일 것이다. 선이 생긴 뒤에 비로소 뒤돌아서 본 점들의 순간이 더욱 값지게 느껴질 것이기 때문이다.

　그렇기 때문에 점들이 점점 더 많이 찍혀갈수록, 그리고 이들이 점차 선으로 연결되어갈수록, 우리는 더욱 좋은 상태로 다가간다. 그래서 오늘이 가장 좋은 것이고, 오늘보다 내일이 더 좋을 수 있는 가능성을 품고 있는 것이다. 단, 무수한 점들을 서로 '연결'해낸다면 말이다.

　자, 이제 연결을 가능하게 해주는 힘에 대해 좀 더 자세히 살펴보자.

시장과 사람

과연 무엇이 서로 다른 일들에서 가치를 만들어내고, 그 가치가 다음 일에 영향을 주도록 만들까? 그 궁극의 답은 바로 '시장'과 '사람'이다.

먼저 '시장'에 대해 생각해보자. 앞서 예시로 든 것처럼 데이터 사이언티스트가 프로덕트 오너가 될 수 있고, 영업 담당자가 인사 담당자가 될 수 있고, 마케터가 고객 서비스 담당자가 될 수 있다면, 이는 그 사이에 각기 다른 일들을 연결 짓는 어떤 공통의 가치가 있기 때문일 가능성이 높다. 그리고 그 공통의 가치는 매우 높은 확률로 시장에서 나온다.

그렇다면 시장에서 발견되는 가치의 실체란 무엇일까? 바로 '고객'이다. 기업이 만들어 제공하는 제품과 서비스를 돈을 주고 사용해줄 고객에게 답이 있다. 그리고 고객이라는 단어가 등장하는 순간, 매우 달라보이던 두 분야가 자연스럽게 연결되기 시작한다. 이를 고객의 입장에서 풀어보면, 한 고객이 음식도 사 먹고, 옷도 사 입고, 영상도 보고, 이러한 활동을 매장을 통해서 하고, 온라인에서도 하고, 스마트폰에서도 하기 때문이다. 이를 서비스를 제공하는 기업의 입장에서 풀어보면, 어떤 분야가 되었든 고객이 만족할 수 있는 서비스와 제품을 제공하고, 그 대가로 돈을 버는 것이 모든 기업 활동의 시작이자 끝이기 때문이다.

따라서 고객을 중심에 두고 일을 바라보고, 진행하고, 해석하는 것은 유연한 상황에서도 우리의 서로 다른 활동을 연결해주는 매우 강력한 수단이 된다. 고객의 필요를 아는 것, 고객의 변화를 읽는 것, 그들이 지갑을 여는 판단 기준을 이해하는 것, 그리고 그 시장에 들어와 있는 다른 기업의 수를 읽고 대응하는 것에는 산업과 업종의 구분이 무의미하기 때문이다.

최근 쿠팡에서 가장 주목받고 있는 한 젊은 리더 중 한 명은 프로덕트 오너라는 제품 책임자로 입사했다가 필요에 따라 채용의 일을 맡기도 했고, 물류 시스템 개선의 역할을 담당하기도 했으며, 지금은 쿠팡의 OTT 사업인 '쿠팡플레이'의 총괄 리더를 맡고 있다. 그는 각기 다른 분야에 몸을 담고 일을 했지만 그가 가진 집요한 수준의 '고객 중심적 사고'는 그 자신에게도 영역을 불문한, 높은 수준의 문제 해결 역량을 부여했고, 기업의 입장에서도 무엇이든 맡기면 해내는 사람이라는 효용을 만들어주었다.

　다음으로 '사람' 역시 우리의 일을 연결 지어주는 강력한 도구가 된다. 여기서 사람은 고객이 아닌, 회사 내의 사람을 의미한다. 어떻게 '사람'이 우리의 서로 다른 활동을 연결 짓는 도구가 될까? 경력직 직장인으로서 우리가 어떤 회사에 몸을 담는 과정을 살펴보자. 경력 이직을 할 때 우리는, 먼저 특정한 분야의 특정한 직급, 혹은 직책의 자리가 나오면 이 자리가 우리와 맞을지 판단을 내린 뒤, 그렇다고 생각되면 지원을 하고, 인터뷰와 처우 협의를 거쳐 입사를 결정하게 된다. 여기서 분명한 점은 대부분의 경력직 직원 채용은, 그 자리에 오는 사람이 맡아야 할 분명한 일의 영역을 제한해 두고 사람을 찾는다는 점이다. 즉, 마케팅 담당자, 개발자, 인사 책임자 등 분명한 영역과, 팀장, 차장, 대리 등 각 기업의 체계에 따른 직급을 두고 사람을 찾는다는 점이다.

　반면 오너, 사장, CEO는 어떨까? 물론 전문경영인 사장이나 CEO의 경우 대부분 직장인과 유사한 입장에 놓여 있기도 하지만 자본가 또는 오너에 가까워질수록 일의 구체적인 영역과는 조금 다른 종류의 기준들이 그들의 선택과 거취에 영향을 미친다. 가령 특정 영역의 경험이 깊은지도 중요하지만 어느 정도 규모 이상의 조직을 이끌었는지가 특히 중요할 수 있다. 동종 업계의 다른 기업을 이끈 경험도 중요하지만 특정한 위기를 극복한 사례가 있는지가 더 중요할 수도 있다. 그렇기 때문에 의류 브랜드의 CEO가 이

커머스 기업의 CEO가 되기도 하고, 여행 플랫폼의 CEO가 공유 차량 플랫폼의 CEO가 되기도 하는 것이다.

여기에는 매우 중요한 시사점이 담겨 있다. 많은 경우 직급이 올라갈수록 그 자리에 맞는 사람을 판단할 때 구체적이고 특정한 기능적 역량 외에도 여러 다른 요소들이 작용할 수 있다는 점이다. 일에 대한 기본 역량에 더하여, 믿을 수 있는 사람이라는 신뢰, 현재 회사가 가지고 있지 않은 것을 볼 줄 알고 만들어낼 수 있는 관점, 그리고 인간적인 호감, 또는 과거로부터 이어져온 어떤 관계, 혹은 잘 아는 이로부터의 추천 등이 그것들이다.

그렇지 않고서 '기능'으로만 볼 때 의류를 만드는 일을 하던 이에게 이커머스 플랫폼을 맡기는 일이나, 여행 사업을 하던 이에게 차량 공유를 맡기는 일은 그리 쉽게 설명되지 않는다. 또한 너무 당연해 보이기도 하지만 부모 회사의 사업을 2세 경영인에게 맡기는 것도 경우에 따라서는 '기능'만으로는 설명되지 않는 일이다.

이제 이러한 요건을 다시 직원의 세계로 가져와보자. 물론 '어떻게 하면 CEO가 될 수 있을까?' 혹은 '어떻게 하면 오너에게 발탁될 수 있을까?'를 논의하려는 것은 아니다. 그러나 기업의 가장 상위 세계에서 작동하는 메커니즘을 이해함으로써, 우리가 직장생활을 통해 생존의 질과 양을 늘리는 데 마땅히 취해야 할 행동을 이해하고, 또한 성장과 성취가 이루어져가며 점차 높은 단계로 올라갈 때 달리 취해야 할 관점에 대해서도 미리 생각할 수 있다.

도리스 메르틴Doris Märtin은 2020년 저서 『아비투스Habitus. Sind Sie bereit fur den Sprung nach ganz oben?』를 통해 세상을 사는 방식과 태도를 뜻하는 '아비투스'의 수준이 어떤지가 우리 삶의 성공과 직결된다고 주장한 바 있다. 그녀는 구체적인 아비투스를 총 7가지로 나누어 설명했다. 심리자본, 문화자본, 지식자본, 경제자본, 신체자본, 언어자본 그리고 사회자본이 그것이다. 성공에 도움이 되는 심리적인 태도, 문화적 소양의 수준, 지식의 힘, 경제의 우위, 신체적인 매력도, 언어의 사용 그리고 사회적인 관계가 있다는 것이 그녀의 연구 결과였다. 이 책에서 그 각각을 설명하지는 않겠지만 이러한 요소들이 분명 '사람'을 매개로 가치가 연결되게 만드는 장치가 된다는 점은 강조하고 싶다.

이때 중요한 점은, 앞서 언급한 기능 이상의 신뢰, 관점, 호감 모두가 반드시 타고나는 성격의 덕목은 아니라는 점이다. 즉, 누구나 이를 발전시켜나갈 수 있다. 그리고 이렇게 키워낸 덕목은 각기 다른 일들 사이에서 가치를 연결 짓는 두 번째 핵심 도구가 된다. 어떤 일을 맡아서 하든 신뢰를 쌓고, 회사에 도움이 되는 관점을 제시하며, 상대에게 매력을 전할 수 있다면, 서로 다른 일을 맡게 되더라도 그 각각을 높은 접착력으로 연결해갈 수 있다는 뜻이다.

그렇다면 어떻게 그 각각, 즉, 고객을 중심에 두는 사고방식을 키우고, 시장 내에서 신뢰를 얻고, 회사에 도움이 되는 관점을 함양하며 본인만의 매력을 쌓아갈 수 있을까?

고객

각기 다른 일들을 연결 짓는 공통의 가치가 시장에서 나오며, 그 실체가 바로 고객이라는 점을 앞서 살펴봤다. 결국 제품과 서비스를 팔아 돈을 버는 것이 기업의 일이고, 이를 가능하게 해주는 최종적인 존재가 바로 고객이기 때문이다. 즉, 고객을 중심에 두고 시장 내에서 가치를 만들어가는 것이 변해가는 환경에서 우리가 유연한 자세를 취할 수 있게 도와주고, 우리가 하는 서로 다른 일들을 연결해준다.

그렇다면 고객을 중심으로 하는 자세는 어떻게 갖출 수 있을까? 이제는 너무나 유명한 선언 중 하나가 되어버린 아마존의 리더십 원칙의 첫째는 바로 '고객 집착'이라고도 번역되곤 하는 'Customer Obsession'이다. 이는 아마존의 리더는 고객으로부터 시작하여 일을 역으로 해나가고, 고객의 신뢰를 얻기 위해 매우 열심히 일하며, 경쟁자에게 주의를 기울이지만, 고객에 대해서는 강박적으로 집착한다는 것을 의미한다.

고객에 관한 이야기에서 아마존의 리더십 원칙을 차용하는 것은 말 그대로 아마존이 고객에 대해 가장 깊고 집착적으로 접근하는 기업이고, 그 결과가 엄청난 수준의 고객 신뢰와 회사의 성과로 이어졌기 때문이다. 따라서 우리 역시 아마존의 방식에서 고객을 중심에 두는 자세를 살펴보고 배울 수 있다.

이를 여러 측면에서 해석하고 적용할 수 있겠지만 고객 중심의 사고를 갖춰가기 위해 그 첫 단계로 가장 중요한 것이 바로 '인정'이다. 우리가 어느 회사에서 일을 하든 간에 인정을 받는 것은 중요하다. 인정은 또 다른 성장의 길을 열어주고, 시장에서의 인정은 곧 부로 연결되기 때문이다. 그런데 여기서 중요한 점이 있다. 바로 인정에도 두 가지 다른 종류가 있다는 사실이다. 바로 회사에서의 인정과 시장에서의 인정이다.

물론 가장 이상적인 경우는 시장과 회사 모두에서 인정을 받는 것이다. 그러나 이는 결코 쉬운 이야기가 아니다. 지금까지 살펴본 것처럼 시장은 빠르게 변하고 있고, 그 속도를 따라가지 못해 결과적으로 성장하지 못하는 기업도 많기 때문이다. 이처럼 회사가 시장의 변화를 따라가지 못하는 대부분의 경우, 그 기업의 제품과 서비스는 시장에 큰 영향을 주지 못한다. 이는 즉, 그 기업에 속한 직원들의 노력 역시도 시장에서 인정받기 어려울 수 있음을 의미한다. 그러나 이런 경우에도 사실 그 회사 안에서 인정을 받는 이들은 언제나 존재한다. 시장이 절대 평가에 가깝다면, 회사 내부에서는 상대 평가가 작동하며, 절대 평가에서 90점 이상 득점을 못하면 A를 받지 못한다고 해도, 상대 평가에서는 옆자리의 75점을 획득한 이보다 높은 79점을 받으면 A를 받을 수 있는 것과도 같다.

비록 시장에서는 인정을 받지 못하지만, 다행히도 회사 안에서는 인정을 받고 있는 상황을 가정해보자. 이러한 상황이 주는 의미는 무엇일까? 이것으로 충분히 만족해도 괜찮을까? 우리는 뛰어난 역량과 우수한 태도로 회사 내에서 인정을 받을 수도 있고, 일을 통해 만들어낸 가치를 기준으로 시장에서 인정을 받을 수도 있다.

이때 회사의 인정은 그 기준이 다양하고 주관적이며, 시장에서의 인정은 단 하나의 기준을 바탕으로 한다. 바로 '가치 창출'이다. 앞서 말한 대로, 회사에서의 인정은 상대 평가적이고 주관적이며, 시장에서의 인정은 절대 평가적이고 객관적이다. 즉, 과학적이다. 재밌는 점은 객관적이고 과학적 기준인 '가치 창출'의 심사를 통과해야만 얻을 수 있는 시장에서의 인정은 회사에서의 인정으로도 쉽게 연결되는 반면, 기준이 다양하고 주관적일 여지가 높은 회사에서의 인정은 반드시 시장에서의 인정으로 이어지지 않는 경우도 많다는 점이다.

이를 극명하게 보여주는 산업이 바로 엔터테인먼트 산업이다.

뛰어난 연기력과 매력으로 찍는 영화마다 흥행에 성공하는 배우들은 시장에서 그 가치를 인정받고 이러한 인정은 소속사가 어디인지에 종속되지 않는다. 그러나 이들이 특정 소속사로 이적을 하면 그 소속사의 실적에는 큰 변화가 생기기도 한다. 하정우, 이효리, 유재석, 싸이가 그 예다. 반대로 어떤 가수가 특정 기획사에 소속되어 아무리 좋은 태도와 실력을 가지고 있더라도 정작 시장에서 인기를 끌지 못한다면 소속사의 경영진과는 둘도 없는 인간관계를 만들 수도 있겠지만 그 이상의 의미를 찾기는 어려울 것이다.

이를 직장생활에 적용하면 어떻게 될까? 회사에서 인정을 받는 것은 주로 승진과 연봉 인상, 각종 교육 기회 부여, 그리고 조직 확대 등으로 이어지고 그 영향력은 인정을 받은 개인, 혹은 관련 조직에 한정되는 경우가 많다. 회사의 목표 달성에 기여하거나 인간관계를 잘 맺거나, 든든한 배경을 갖추거나, 혹은 윗사람들을 잘 설득하거나 하는 등의 역량은 이러한 인정을 가능하게 해준다.

반면, 시장에서 인정을 받으려면 서비스나 제품 그 자체가 성공해야 한다. 본인이 만든 서비스를 수많은 고객들이 사용하거나, 이를 통해 회사가 큰돈을 버는 것이 바로 시장에서의 인정이다. 그 영향력은 개인 차원을 넘어서 회사, 때로는 사회로까지 확대되는 경우가 많다. 구글이 세상의 모든 정보를 제공하며 정보의 검색 행태와 지식의 축적, 공유의 방식을 바꾸는 것이나, 아마존이 유통의 구조와 고객의 소비 행태를 바꾸며 리테일 시장을 혁신하는 것, 그리고 메타가 세상과 사람들이 서로 관계를 맺는 방식 전반을 바꾸어 가는 것 모두가 시장의 인정을 받은 기업이 고객과 사회에도 큰 영향을 끼치는 대표적인 사례이다.

국내에서는 카카오톡 하나로 출발해 이제는 우리의 일상 전반에서 소통과 생활의 방식을 바꾸어가고 있는 카카오나, 로켓 배송으로 생필품 신속 배송의 새로운 시장을 연 쿠팡, 그리고 외식 배달시대를 연 배달의민족 등이 이미 시장에서 그 가치를 인정받은 대표적인 사례다. 이 회사들에는 이미 유명 인사가 된, 그 역량을 시장에서 검증받은 김범수 의장과 김범석 의장, 김봉진 의장이 있지만, 동시에 그들 곁에는 함께 사업을 일으킨 또 다른 직장인들이 다수 포진해 있다. 이들 대부분은 이미 어느 한 회사에 귀속될 이유가 적을 것이다. 이미 시장에서 큰 가치를 만들어내고 있기 때문이다.

결국 시장의 인정이 만들어내는 세계는 회사의 인정이 만드는 세계와는 그 차원이 다르다. 따라서 우리도 시장의 인정을 받는 사람이 되어야 한다. 시장의 인정은 가치 창출에서 비롯되고, 그렇기 때문에 우리는 일을 통해 가치를 만들어내야 한다. 이 가치는 고객과 시장의 필요를 충족시키는 데에서 나온다. 그리고 시장에서의 인정에 집착하는 것이야말로 바로 고객 중심적인 사고와 자세를 갖도록 도와주는 가장 분명하고, 가장 짧은 경로의 길이다. 따라서 고객 중심의 사고를 갖추고 싶다면 반드시 먼저 시장에서의 인정을 갈구하고 추구해야 한다.

매너

한편 연결을 돕는 또 하나의 강력한 힘은 바로 외부에서 온다. 즉, 어떤 식으로든 남이 우리를 돕는 힘이다. 이는 스스로 해낼 수 있는 영역 밖의 일들을 가능하게 해주는 힘이며, 따라서 우리의 성장과 성취에 귀중한 요소가 된다. 변화하는 환경에서 유연성을 갖추고, 각각의 상황을 연결해내는 독자적인 힘을 기르고자 하는 사람에게는 언제나 외부의 도움이 중요한데, 이는 많은 것들이 아직 스스로 경험해보지 못한 영역에 있기 때문이고, 따라서 그것을 이미 경험한 이들의 도움이 큰 효용을 가질 수 있기 때문이다.

이때 이러한 돕는 힘을 가능하게 해주는 핵심 요소는 바로 어떤 사람에 대한 매력과 신뢰다. 한마디로 매력이 있고 성장 가능성이 있으며 신뢰가 가는 사람에게 도움의 손이 다가올 가능성이 높다는 뜻이다. 그렇다면 어떤 사람에 대한 신뢰와 매력은 어디에서 나올까? 여기에는 다양한 요소가 영향을 미치는데, 이중 빠뜨려서는 안 될 요소 중 하나가 바로 매너. 어느 경우든 간에 우리에게 손을 내밀어줄 사람들은 매너가 좋은 사람만을 상대하고 싶어 할 가능성이 높기 때문이다. 즉, 매너가 돕는 손을 이끌어낸다.

재밌는 점은, 언뜻 주변에 돕는 이들이 없을 때 독자적인 직장 생활을 더 잘해나갈 수 있을 것처럼 생각되지만, 실상은 돕는 이가 많아질수록 더욱 독자적이 되어갈 가능성이 높다는 사실이다. 당신을 돕고 싶어 하는 이들이 주변에 많아진다는 것은 당신이 그만큼 누군가의 눈에 든다는 말이고, 돕고 싶을 만한 가능성과 매력을 가지고 있다는 뜻이기 때문이다. 따라서 주위에 그를 돕고 싶어 하는 이가 많은 사람은 점차 시간이 갈수록 누군가의 도움과는 별개로 독립적이고 자유한 삶을 만들어가게 될 가능성이 높다.

자본주의 사회에서 남을 돕는 가장 대표적인 수단은 '자본' 즉, '돈'이다. 벤처캐피털 시장을 생각해보면 쉽다. 성공적으로 상장해낸 '크래프톤'에 오래전부터 투자를 해온 투자자들은 많다. '카카오뱅크'도 마찬가지다. 아직 상장을 하지 않았지만 '토스'와 '마켓컬리'에 투자를 하고 싶어 하는 이들도 줄을 섰다. 이들 각 기업은 각자의 길을 걸어왔고, 또 새로운 길을 열어가고 있다. 상대적으로 기존의 성공 방식에 얽매이기보다는 스스로 길을 개척하고자 노력해온 기업들이다. 즉, 독자적인 길을 모색해온 기업들이다. 그리고 이들을 돕고자 하는 이들의 행렬은 아직도 길다.

반대로 어떤 스타트업들은 투자를 받지 못해 생존을 고민하는 지경에 놓여 있기도 하다. 돕는 이는 적지만 오히려 더욱 더 남에게 의존할 수밖에 없는 형국이다. '누군가를 돕는 손'을 바라는 것 없이 돕는 '선의의 손'과 무언가 얻고자 건네는 '계산된 손'으로 나눈다고 할 때, 기업의 세계에서 주된 손은 바로 '계산된 손'이다. 그리고 이때 '계산'에 반드시 빠지지 않고 들어가는 것이 바로 매너다. 기본적인 역량과 성과가 검증된 같은 수준의 두 기업이 있다면 둘 중 매너가 더 좋은 기업이 도움의 손길을 받게 될 수밖에 없고, 이런 비교군이 없는 독보적인 역량을 갖춘 스타트업일지라도 그 핵심 인사가 무례한 모습이나 돌발 행동으로 유명한 이라면 '계산된 손'은 쉽게 그 손을 건네지 않을 것이다.

그렇다면 매너란 도대체 무엇일까? 쉽게 생각하면, 예정된 회의에 먼저 도착해 있고, 비즈니스를 위한 식사가 있는 경우 격한 토론을 한다고 하더라도 입안에 든 음식물이 튀지 않게 하고, 누군가 나의 일을 도와주면 반드시 감사를 전한 뒤 가능하면 보답까지 하고, 대화를 나눌 때면 서로의 이야기가 고루 오갈 수 있게 시간을 배분하는 것이 매너다.

물론 이 외에 매너의 구체적인 사례는 무궁무진한데, 무엇이 되었든 그 본질은 '상대가 편하게 느끼도록 나의 행동을 조율하는 것'이자, '공통적으로 인정되는 방식으로 행동하는 것'이다. 즉, 서로 다른 경험과 생각을 가진 사람들이 만나 각기 다르게 행동함으로써 초래될 수 있는 불편을 최소화하기 위해 '가장 위험이 적은 방식으로 합의된 행동 양식'을 따르는 것이 바로 매너다.

그러나 아무리 매너가 중요하다고 해도, 일상에서 그 중요성을 충분히 인지하고 행동하기는 쉽지 않다. 정확히 매너가 무엇인지에 대해 사회적으로 충분한 수준의 학습과 공감대가 형성되지 않았고, 매너를 사소한 것으로 여기거나, 각자 알아서 잘하면 되는 정도의 일로 생각하는 기조마저 있기 때문이다.

그로 인해 정작 매너 없는 상황과 매너가 약한 사람을 접하게 되는 경우에도 그들에게 피드백을 주기는 어렵다. 반대로 자신이 매너가 없는 행동을 한 경우에도 정작 무엇을 잘못했는지 알기 어렵게 된다. 이런 상황이 치명적인 이유는 아주 분명하다. 위에 말한 이유 때문에 매너가 없는 이에게 피드백은 주기는 어렵지만, 그 사람을 다시 안 보는 것은 상대가 결정할 수 있는 일이기 때문이다. 즉, 좋지 않은 매너는 자신이 모르는 사이에 다가왔던 '돕는 손'을 거두어간다.

연매출 3,500억 규모의 철강재 유통 기업 '더부'의 창업자 이재권 고문은 저서 『비즈니스 매너』에서 다음과 같은 말로 매너의 중요성을 강조한 바 있다.

"20여 년간 비즈니스를 해오면서, 아주 기본적인 매너를 지키지 않아 결국 자신이 원하는 것을 얻지 못하는 사람들을 많이 보았다. 심지어 그런 상황임에도 정작 자신은 무엇이 문제인지를 잘 모르는 경우가 많았다. 매너의 중요함을 실감하지 못하는 이들도 있었지만, 자신의 행동이 비매너라는 사실을 모르는 이들도 많았다. 일부러 매너를 안 지키려는 게 아니라 어떤 행동이 매너인지, 어떤 행동이 매너가 아닌지를 모르는 것이다."

이를 바꿔서 생각하면 아주 재밌는 가설 하나가 나온다. 무엇이 매너 있는 행동인지 아닌지조차 알지 못하는 이들이 많은 게 사실이라면, 조금만 더 매너가 있으면 남들보다 돋보일 수 있다는 점이다. '희소성'의 힘을 생각해보자. 원할 때면 언제든 끓여 먹을 수 있는 지겨운 라면도 스위스 융프라우에 가서 먹으면 그렇게 맛있을 수가 없고, 팬데믹으로 해외여행이 어려워지니 그저 대한민국 상공을 떴다가 착륙할 뿐인 항공사의 여행 상품이 금세 완판되기도 한다. 이런 희소성의 마법이 매너의 세계에서도 그대로 펼쳐지는 것이다.

좋은 매너가 우리에게 주는 선물은 무엇일까? 매너는 심지어 같이 일을 해보지 않은 사람에게도 기초적인 수준의 신뢰감을 전달하는 장치가 되고, 서로 잘 모르는 사이에서도 기본적인 매력을 느끼게 해주는 근거가 된다. 그렇기 때문에 매너가 좋은 사람과는 같이 일하고 싶은 마음을 느끼게 되기도 한다.

특히 경영 환경이 급변하는 4차산업혁명의 시대에, 기업은 과거의 방식에서 상당 부분 벗어나야 하고, 새로운 시도를 해야 하는 과제를 떠안고 있다. 그리고 그들에게 큰 고민은 이러한 일을 직원 중 누구와 함께 할지를 결정하는 일이다. 가령 직원 중 누구도 그 일을 해보지 않았다면 그러한 고민은 더욱 클 수밖에 없다. 이때 영향을 미치는 여러 가지 요소가 있겠지만 매너 또한 하나의 요인으로 분명히 작동한다. 매너가 좋지 않은 이에게 큰일을 맡길 리 없는 건 인지상정이다. 결국 매너의 수준을 높이는 일은 가장 쉽고 값싸게 자신에 대한 신뢰도를 높이고 매력을 키우는 일이 된다. 그리고 높은 신뢰도와 매력을 가질수록 우리는 더욱 독립적이고 자유한 상태로 직장생활을 주도해나갈 수 있다.

헐리우드의 유명 영화배우이자 벤처 투자자인 애쉬튼 커쳐 **Ashton Kutcher**는 팀 페리스**Tim Ferriss**의 저서 『마흔이 되기 전에**Tribe of Mentors**』에서 다음과 같은 말로 '매너'에 대한 생각을 밝혔다.

"마음껏 직설적으로 말해도 되고, 시간 약속에 늦어도 뭐라 할 사람 없고, 언제든지 휴가를 떠나도 될 만큼의 능력을 갖추기 전까지는 예의 바르게 행동하고 시간을 엄수하고 정말 열심히 일해야 한다. 그리고 마침내 앞에서 말한 능력들이 완전히 생기는 날이 오더라도 한 가지는 절대 잊지 마라. 예의 바른 행동 말이다."

평판과 추천

앞서 매너의 중요성을 살펴봤다. 매너를 제대로 알고 행하는 것만으로도 남들과 다른 차별성을 가질 수 있으며, 좋은 매너를 통해 신뢰와 매력을 키우고, 궁극적으로 급변하는 환경에서도 더욱 유연하게 도전하고, 다양한 일들을 연결할 기회를 만들어갈 수 있다면 매너는 결코 가볍게 치부할 덕목이 아니다. 오히려 반드시 제대로 알아 익히고 실천해야 할 것에 가깝다. 그리고 이를 제대로 실천할 때 매너는 우리에게 또 다른 선물을 안겨준다. 바로 평판이다.

좋은 매너와 뛰어난 실력이 합쳐지면 좋은 평판으로 이어진다. 재밌는 점은, 좋은 매너와 그저 그런 실력이 결합되어도 무난한 평판으로 이어진다는 점인데, 이는 어떤 사람과 직접 일을 해볼 수 있는 기회보다 그 사람의 매너를 접할 기회가 월등히 더 많고 넓기 때문이다. 누군가와 함께 프로젝트를 수행할 기회는 극히 제한적이지만, 그 사람과 전화통화를 하거나, 이메일을 주고받거나, 혹은 어떤 모임에서 식사를 할 기회는 상대적으로 더 많다.

그 모든 순간, 우리는 그 사람에 대해 어떤 '인상'을 갖게 되고, 알게 모르게 그 사람을 '평가'하기 마련이다. 이것이 정도의 차이를 둔 '평판'으로 이어지기 때문에 구태여 같이 일을 해보지 않더라도 평판은 생겨나게 된다. 그렇기 때문에 다시금, 매너가 중요하다. 달리 말하면, 같이 일을 해보지 않았음에도 매너가 좋지 않음으로 인하여 나쁜 평판을 얻게 될 수도 있다는 뜻이다. 심지어 아무리 일을 잘하는 사람이라도 가령 술자리 매너가 좋지 않다는 이유로 부정적인 평판을 얻게 되기도 한다.

평판은 자산이다. 평판은 그 사람을 떠오르게 만든다. 내가 없는 자리에서 남들이 나에 대해 좋은 이야기를 하게 만들고, 누군가 나를 추천하도록 돕는 것이 바로 평판이다. 좋은 평판을 가진 사람에게는 찾아오는 이가 많고, 찾아오는 기회도 더 많다.

평판은 현실 세계에서의 인간관계의 결정적인 한계, 즉 모두를 직접 겪어볼 수는 없고, 미리 겪어볼 수도 없다는 한계를 어느 정도 해소시켜주는 장치다. 일을 하며 만나게 되는 관계에서는 실제로 어떤 상황을 겪어보기 전에는 상대에 대해 깊이 알기 어렵다. 그렇다고 모두를 직접 겪어볼 수도 없다. 그렇기 때문에 우리는 많은 경우 제3자를 통해 나를 드러내고, 또는 다른 누군가를 알게 된다. 그리고 이 모든 맥락에서 중요하게 작동하는 것이 바로 평판이다. 따라서 좋은 평판을 갖는 것은 누군가에게 나를 알리고 기회를 얻는 데에도 매우 중요하다.

평판을 구성하는 또 다른 요소인 '실력'은 평판에 어떤 영향을 줄까? 당연히 일에서 높은 성과를 낸 사람은 일반적으로 좋은 평을 듣기 마련이다. 그뿐 아니라, 실제 그 사람의 역량과는 별개로 그 사람이 한 일이 자신에게 직접적인 도움이 되는 경우에도 이는 좋은 평판으로 이어질 가능성이 높다.

예를 들어, 당신이 조직원으로 참여한 일에서 당신이 한 일을 통해 상사가 승진을 한다면 그 상사는 당신에 대해 좋은 평을 할 가능성이 높다. 당신이 한 일을 통해 큰 도움을 받은 고객이 있다면 그 고객 또한 당신에 대해 좋은 평을 남길 것이다. 어디 그뿐인가? 외부 회사와 각자의 강점을 바탕으로 협력하는 파트너십 기반의 업무 추진이 좋은 결과로 이어진다면 그 파트너들 또한 당신의 평판 형성에 긍정적인 영향을 미칠 것이다.

좋은 평판의 결괏값은 바로 '추천'이다. 평판이 좋은 사람에게는 추천이 끊이지 않고 이어지며 이는 상당 부분 '제안'으로 치환된다. 기업 세계에서 추천의 의미는 명확하다. '이직 제안' '승진 제안' 또는 '연봉 인상 제안'이다. 많은 경우 추천은 좁은 문으로의 출입증이고, 복잡한 노선의 단축 경로이며, 험난한 늪지를 지나는 비행선이다. 즉, 추천은 새로운 기회로 연결되는 가성비 좋은 도구다.

유통에서 직거래가 무엇을 의미하는가? 어떤 농부가 생산한 사과를 직거래로 고객에게 판매한다는 것이 어떤 의미인가? 바로 더 짧은 동선과 더 낮은 비용이다. 즉, 더 빠른 속도와 더 높은 효율이다. 이를 기업 환경에 대입해도 마찬가지다. 우리가 시장에 소개되고 추천되어, 그 결과로 시장의 다른 참여자들로부터 새로운 제안을 받는 것은 많은 경우 직장생활을 통해 삶의 질과 양을 증가시키는 방향으로 가는 더 빠른 속도와 더 높은 효율을 의미한다.

또 다른 측면에서, 추천이 많은 사람에게는 더 많은 기회가 오고, 당연히 더 많은 기회는 우리에게 더 많은 선택지를 준다. 그리고 더 많은 선택지를 손에 쥐고 있는 사람은 더욱 독립적이며 자유롭게 사고하고 행동할 수 있다. 따라서 좋은 평판은 우리의 독자적인 직장생활을 돕는다.

결국 매너를 갖추어 프로젝트를 함께 한 이들에게나 아니면 그저 전화 한 통, 이메일 한 통을 주고받은 이들에게나 좋은 인상을 남기고, 또 일을 할 때는 실제 성과를 통해서, 그리고 함께 일한 이들의 성공을 통해서 더 좋은 평판을 얻고, 이를 바탕으로 더 나은 기회들로 추천을 받아가는 것은 우리에게 더 다양하고 더 나은 선택지를 제공해준다. 그리고 이는 우리의 직장생활에 더 높은 수준의 독립성과 자유도를 가져다줄 것이다. 반대로 평판을 소홀히 하는 것은 우리의 독립적이고 자유로운 직장생활을 망치는 지름길이 될 수도 있다.

스승

우리의 독자적인 직장생활을 돕는 또 하나의 중요한 요소는 바로 '스승'이다. 무엇이든지 자신이 스스로 깨닫는 것보다는 먼저 그 길을 걷고 깨달음을 얻은 이들의 가르침을 통해 얻는 것이 더욱 빠르고 쉽고 효율적이기 때문이다. 또 경우에 따라서는 누군가를 통하지 않고는 스스로 결코 깨닫지 못하고 지나치게 되는 일도 많다. 이런 맥락에서 보면, 우리가 학교를 다니는 이유도 먼저 얻은 이들에게서 배우기 위함이고, 직장생활에서 선배가 중요한 이유도 바로 여기에 있다.

이처럼 스스로는 아무리 열심히 해도 보지 못하는 것들을 보고 조언을 해주거나, 혼자 할 때 10이 걸리는 일을 1만으로도 할 수 있게 도와주는 존재가 바로 스승이다. 스승은 '줄탁동시啐啄同時(어미

닭과 병아리가 동시에 알을 쫌)'를 돕는다. 플라톤에게 소크라테스라는 큰 스승이 있었고, 알렉산더 대왕에게 아리스토텔레스가 있었으며, 이브 생로랑에게는 디올이 있었다는 점을 기억하자.

여기서 한 가지 중요한 점은 '스승'이 있다는 사실 자체가 아니라, 이를 통해 결국은 자신이 발전을 해야만 의미가 있다는 점이다. 즉, 스승의 가르침을 얻는 것에 그쳐서는 안 되며, 가르침을 얻었다면 이를 자신의 성장에 바로 적용해야 한다. 그래야만 우리의 삶도 더욱 독립적이고 자유로워질 수 있다.

플라톤이 자신만의 '이데아론'을 펴지 않았다면, 알렉산더 대왕이 마케도니아 제국을 확장해가지 않았다면, 그리고 이브 생로랑이 자신만의 브랜드를 만들어내지 않았다면, 그들에게 소크라테스와 아리스토텔레스, 크리스찬 디올이라는 스승이 있었다는 사실은 지금과 같은 큰 의미를 갖지 못했을 것이다.

그렇다면 스승은 어떻게 만날 수 있을까? 스승은 왜 우리에게 배움의 기회를 줄까? 이 물음에 대한 답을 찾기 위해 분명히 인지해야 할 한 가지는, 제자가 스승을 고르는 경우도 있지만 그보다는 스승이 제자를 선택하는 경우가 훨씬 많다는 점이다.

이미 부를 이룬 사람이 누구를 도울지 정하는 것이고, 이미 높은 자리에 오른 사람이 다음으로 누구를 키울지를 정하는 것이다. 더 많이 아는 사람이 무엇을 가르칠지를 정한다. 대학에서 학생들이 듣고 싶은 강의와 교수를 정할 수는 있지만 정작 수강생들에게 어떤 내용을 어느 정도 깊이로 알려줄지를 정하는 것은 전적으로 교수의 선택이다.

이러한 맥락을 이해할 때 우리는 비로소 좋은 스승을 만날 기본 자격을 갖추게 된다. 가르침을 받을 만한 사람이 되기 위해 자신을 더 돌아보고, 준비하고, 보여주게 될 것이기 때문이다. 그리고 이러한 노력이 당신을 남들과 달라 보이게 만들 것이다. '가능성' '에너지' '열정' '재능' 등이 이러한 노력을 설명하는 대표적인 덕목이고, 여기서 빠져서는 안 될 단어 중에는 '매너'와 '끈기'도 있다.

즉, 가능성과 열정을 가진 이가 좋은 매너를 갖추고, 끈기로 다가갈 때 비로소 스승의 가르침이라는 선물을 받기 시작하는 것이다. 그리고 이 선물은 '신뢰'와 '실천'을 만날 때 비로소 결과로 이어지게 된다. 스승이 가르침을 주는 것이 시작이라면 이를 체화하여 발전으로 이끌어가는 것은 스승과 그 가르침에 대한 신뢰를 가지고 정말 그렇게 노력할 때만 가능한 일이기 때문이다.

이와 같이 스승의 가르침이 실제 성장으로 이어지는 일련의 맥락에 대해 철학자 최진석 교수는 『어떻게 인생을 살 것인가』라는 책의 내용을 발췌하여 아래와 같이 말한 바 있다.

"어느 날 몇몇 젊은이들이 소크라테스를 찾아와 '어떻게 하면 당신처럼 해박한 지식을 가질 수 있냐?'고 물었습니다. 이 말을 들은 소크라테스의 답변은 '일단 돌아가서 매일 꾸준히 팔 돌리기 300번을 해보게. 그렇게 한 달을 채우거든 그때 다시 나를 찾아오게나' 였습니다. 젊은이들은 '아니, 팔 돌리기와 학문이 무슨 관계가 있지?' 라고 생각했습니다. 도무지 이해가 되지 않았지만 그렇게 하겠노라 대답하고 돌아갔습니다. 그렇게 간단한 일이야 얼마든지 할 수 있다고 생각했던 것입니다. 한 달이 지난 후, 절반의 인원만이 다시 소크라테스를 찾아왔습니다. '잘했네, 좋아, 다시 한 달을 해보게.' 또다시 한 달의 시간이 지나고 소크라테스를 찾아온 젊은이의 수는 지난달의 3분의 1이 채 되지 않았습니다. 1년이 지난 후, 소크라테스에게 자문을 구하러 온 젊은이는 단 한 사람뿐이었습니다. 그가 바로 '플라톤'입니다."

최진석 교수는 이 글에서 '끈기 있는 실천'뿐 아니라, 근본적으로 플라톤의 스승에 대한 '신뢰'를 읽어냈다. 즉, 수많은 '제자 지망생' 중에서 소크라테스에 대한 신뢰를 끝까지 유지한 사람은 플라톤 한 사람뿐이었고, 모두가 알듯이 소크라테스는 플라톤의 큰 스승이 되었다. 그리고 플라톤은 고대 그리스에서 가장 유명한 철학자가 되었다.

우리가 더욱 독자적인 삶을 향해 가기 위해 스스로 알을 깨고 나오려 할 때, 이 알을 밖에서 함께 깨줄 스승의 존재는 값진 선물과도 같다. 그러나 많은 경우 우리가 스승을 고르는 것이 아니라, 그들이 우리의 스승이 되어주기로 결정하는 것이다. 그러므로 우리는 그들이 돕고 싶어 할 이유를 제공해야 한다. 열정과 재능, 그리고 매너가 결합되어 스승을 만난다면 비로소 제대로 알을 깰 준비가 된 것이다.

그러나 그것이 시작이다. 스승을 온전히 믿고, 그 가르침을 끈기 있게 실천해갈 때, 비로소 알은 깨지기 시작하고 우리는 다음 세상을 맛보기 시작할 것이다. 만약 직장생활을 하는 동안 이러한 스승을 만나는 행운을 얻었다면 이는 결코 놓쳐서는 안 될 선물이고, 만약 아직 스승을 만나지 못했다면 매너를 갖추고 실력과 열정을 키워나가는 일에 집중하면 된다. 그는 언젠가 나타나서 우리의 삶을 도울 것이다. 그리고 돕는 이가 많아질수록 우리의 직장생활은 더욱 독자적이 되어갈 것이다.

실패와 성공

독립적이고 자유로운 직장생활은 말 그대로 회사와 타인에게 종속되지 않고, 자신이 스스로 직장생활의 주체가 되어 목적한 바에 따라 회사를 적극 활용하며 성장해가는 삶을 의미한다. 그렇다면 여기서 우리가 종속되지 말아야 할 대상은 단편적으로 '회사'와 '타인'뿐일까? 조금 다른 이야기로, 세상에 선과 악이 분명하면 법의 필요성도 매우 줄어들 것이다. 군이 법관이 판결문을 낭독해주지 않아도 모두가 상식적으로 판단할 수 있을 것이기 때문이다.

직장생활에서도 주도권을 잃지 않기 위해 조심해야 할 대상이 비단 회사와 타인이 만들어둔 기준 두 가지 뿐이라면 사실 독자적인 삶을 실천하는 것은 이론적으로 그리 어려운 일이 아닐 수도 있다. 그러나 현실은 그렇지 않다. 독자적인 직장생활을 이어가기 위해 우리는 스스로 만들어낸 실패와 성공으로부터도 독립적이고 자유로울 수 있어야 한다.

먼저 실패의 경험은 아무리 좋게 포장하고 의미를 부여하려고 해도 결국 우리에게 타격이 된다. 실패를 통한 배움이 값지기 때문에 심지어 실패를 장려한다고 선언한 기업도 있고, '좋은 실패'라는 묘한 표현이 언급되기도 한다. 그러나 어떻게 포장을 하더라도 한 가지 분명한 사실은 '실패'한 사람에게 '당신이 실패를 해서 큰 교훈을 얻었으니 연봉을 20% 올려드리겠습니다'라고 말하는 기업은 없다는 사실이다. 그렇기 때문에 실패는 일단 생존의 양을 늘리는 데에는 그리 기여하는 바가 없다. 생존의 질에 대해서는 논쟁의 여지가 있겠지만 이는 객관적으로 검증하기 어렵기 때문에 오히려 너무 주관적인 의미를 부여하려고 애쓰지 않는 것이 더 합리적일 것이다. 결국, 회사에서의 실패 경험이 자신의 생존의 질과 양을 늘리는 것으로 이어지지 못한다면, 실패가 우리의 독자적인 삶을 돕는 데 기여한다고 말하기는 어렵다.

그렇다면 우리는 실패를 어떻게 다뤄야 할까? 월드컵 조별 리그에서 패배의 가능성이 농후한 후반 35분, 감독은 처음 발탁한 선수를 경기장에 내보낸다. 이미 경기는 1:5로 뒤지고 있고, 남은 10분 동안 4골을 몰아치고 연장전으로 갈 가능성은 현실적으로 매우 낮다. 그래도 감독은 다음 경기가 있기 때문에 어떻게든 다음 경기를 위해 실험을 하고자 하는 것이다. 과연 이 선수가 들어가면 팀에 훨씬 높은 활력을 불어넣을 수 있을까? 전술적으로 새로운 것을 시도해볼 수 있을까? 또는 기존의 노련한 선수들과의 합은 어떨까? 비록 감독은 1패를 눈앞에 두고 있지만 동시에 다음 경기에서 승리를 거두기 위한 준비를 시작하고 있다.

이 사례는 실패에 관한 두 가지 중요한 시사점을 담고 있다. 먼저 축구 경기에서 우리는 언제든 이길 수도, 비길 수도, 그리고 질 수도 있다. 즉, 패배는 그리 특별한 이벤트가 아니라 축구 경기의 결괏값 중의 하나일 뿐이다.

경기에 진 감독과 선수들이 괴로운 것은 그다음에 벌어지는 일 때문이다. 결국 예선에서 탈락하게 되면 더 나아갔을 때 얻을 수 있는 명성과 부와 해외 진출의 기회를 놓치게 되기 때문이고, 경기를 응원하며 지켜보던 팬들에게 실망을 주고 원성을 살 수 있기 때문이다.

직장에서 프로젝트를 성공시키지 못했을 때 겪는 일도 이와 유사하다. 성공시켰을 때 얻을 수 있는 인정과 승진과 보너스, 나아가 다른 기업에 영입될 수 있는 기회를 놓치게 되기 때문이고, 자신의 프로젝트를 지켜보던 조직의 기대에 부합하지 못하고 비난을 들을 수 있기 때문이다.

그렇지만 리그전 한 경기의 패배를 앞둔 감독이 경기가 끝나기 전에 새로운 선수를 기용해보고 다른 전술을 실험해봐야 하는 것처럼, 우리 역시 실패 속에서 최대한 많은 가설을 실험하고, 그 결과를 통해 배움을 얻어야 한다. 자신만의 후반 35분에 투입할 선수가 누구인지를 정하고, 그를 투입하여 남은 시간 실험을 이어가야 한다. 실패에서 배운다는 명제가 '참'이게 해주는 유일한 방법이 바로 이것이다.

여기서 주의해야 할 점은 하나의 가설만 실험한 뒤 실패하고, 무언가를 배웠다고 생각하는 것이다. 1 - 2 - 3 - 4의 방정식 하나만을 실험한 뒤 실패를 했다면 성공을 위해 다음번에 무엇을 어떻게 다르게 실험해야 할지 알기 어렵기 때문이다. 적어도 1 - 3 - 4 - 2나 1 - 2 - 4 - 3 등 다른 방식을 함께 실험해본 뒤, 지나고 보니 처음부터 1 - 2 - 4 - 3으로 했어야 한다거나, 2는 생략하고 1 - 3 - 4로 했어야 한다는 식으로 다음번에 다르게 적용해볼 추가적인 가설을 얻는 것이 바로 실패에서 얻어야 하는 배움의 실체다.

예를 들어 큰돈을 들여 새롭게 출시한 '하늘을 나는 자전거'가 생각보다 많이 판매되고 있지 않다면 제품의 무게, 디자인, 성능을 바꿔보거나 판매 채널을 새로 뚫거나, 가격을 달리해보거나 또는 마케팅 방법을 변경해볼 수 있을 것이다. 그도 아니면 규제를 바꾸기 위해 노력하며 변경된 규제하에서의 판매 실적을 점검해볼 수도 있을 것이다. 하늘을 나는 자전거 프로젝트가 실패로 문을 닫기 전에 이 중 어느 하나라도 실험을 해봐야 다음 프로젝트인 '하늘을 나는 스케이트보드'에서는 좀 더 나은 결과를 얻을 수 있다.

즉, 실패를 발생 가능한 결괏값 중 하나로 받아들이되, 거기서 최대한 여러 가설을 구체적으로 검증한 뒤 다음 프로젝트에서 성공으로 이어가야 한다. 실패만 거듭하는 대표팀은 결국 월드컵 예선에서 탈락하기 때문이다. 물론 4년 후에 또다시 기회가 올 수도 있겠지만 선수 개인의 차원에서는 다음 기회가 오지 않을 수도 있다. 따라서 실패의 순간에도 다음 성공을 위한 무기를 찾아내는 것이 우리가 해야 할 일이며, 이를 통해 다음 기회에는 반드시 성공해야 하는 것이 우리의 과제다.

성공 또한 마찬가지이다. 직장생활을 하면서 어떤 프로젝트를 성공시키는 것은 실패하는 경우보다 드물 뿐 아니라 훨씬 더 영예롭고 값진 일이다. 실패를 아무리 좋게 포장하려 해도 그보다는 성공하는 것이 백번 더 낫다. 프로젝트의 성공이야말로 우리에게 더 높은 승진의 기회, 연봉 인상의 기회를 제공해주고, 이것이 바로 우리의 생존의 질과 양을 증가시켜주는 직접적인 수단이 되기 때문이다. 그런데 이러한 성공의 경험조차도 그 순간이 지나고 나면 바로 잊는 것이 낫다.

성공의 경험일지라도 거기에서 독립적이고 자유로울 때 우리는 더욱 독자적인 직장생활을 이어나갈 수 있다. 그 이유는 두 가지다. 먼저, 성공은 다음번에 그대로 반복하기 어렵다. 누구도 성공의 요인을 완전히 정확하게 분석할 수는 없기 때문이다. 이번 성공의 주요 요인으로 생각되는 것들을 그대로 반복하면 다음 성공으로 이어질까? 그럴 수도 있고, 아닐 수도 있다. 오히려 높은 확률로 각각의 문제의 내용과 맥락이 다를 수 있기 때문에 매번 같은 해결 방식을 고수하기보다 가급적 성공의 기억에서 벗어나 있는 편이 낫다. 그래야만 새로운 프로젝트에 더 잘 맞는 방식으로 에너지 전부를 쏟을 수 있기 때문이다.

성공을 빨리 잊어야 하는 두 번째 이유는 그것이 결코 혼자만의 역량으로 만들어진 것이 아니기 때문이다. 프로젝트가 성공하는 데에 핵심적인 기여를 한 이들도 있을 테지만 눈에 덜 띄는 곳에서 함께한 이들도 많다. 또한 경쟁 환경이나 시장 상황 또한 어떤 의미에서는 우리의 성공을 돕는 요소 중 하나가 된다. 즉, 경쟁자가 더 잘하지 못했거나, 팬데믹의 급속한 확산이 영향을 미쳤을 수도 있다는 것이다.

이러한 조건에서 자신이 프로젝트를 성공시켰으니 다음번에도 또 해낼 수 있다고 생각하는 것은 자신감보다는 자만심에 가까운 일이 될 수도 있다. 자만은 우리의 독자적인 직장생활을 망치는 지름길이다.

이를 가장 잘 보여주는 예시가 바로 알리바바의 여섯 가지 가치 체계(6 Values)다. 아마존에 리더십 원칙이 있다면 알리바바에는 6 Values가 있다. 이는 알리바바 직원이라면 받아들이고 따라야 할 일종의 원칙이자 일에 대한 자세다. 그중 위의 이야기를 가장 잘 반영하고 있는 Value가 바로 "Today's best performance is tomorrow's baseline", 오늘 거둔 최고의 성과는 내일의 기본

출발선이라는 의미다. 이는 오늘의 성공에 사로잡혀 있지 말고 거기서부터 다시 또 더 높은 성과를 만들기 위해 나아가야 한다는 의미를 담고 있다. 알리바바와 같이 엄청난 성장과 크고 작은 성공을 만들어온 거대 기업조차도 성공의 기억에서 최대한 빨리 벗어나고자 이를 가치 체계에 담기까지 하는 이유는, 안주하는 순간 성장은 더뎌지고 성공은 멀어져가기 때문이다.

안주한다는 것은 오늘의 성공 방식으로 내일도 성공할 수 있다고 생각하는 마음과, 오늘 성공으로 당분간 미래를 위해 할 일을 다 했다고 생각하는 마음을 포함한다. 그 어느 쪽도 우리의 촉이 날카롭게 깨어 있게 하는 데에 도움이 되지 않는다. 촉이 무뎌지면 독자적으로 살아남기 어려워진다. 우리의 무뎌진 틈을 눈치 챈 경쟁자가 그 틈을 파고들거나, 또는 우리의 성장을 가능하게 해주었던 고객이 먼저 떠나갈 테니 말이다. 결국 실패는 배움을 남겨둔 채 털어내고, 성공은 가급적 빨리 잊는 것이 독자적인 직장생활을 돕는 길이다.

물질

지금까지 독자적인 직장생활을 돕는 '정신적'인 부분들을 살펴봤다. 이러한 생각을 마음에 담고, 자세에 녹여내고, 행동에 반영할 때 비로소 회사에 묶여 종속적으로 살아오던 우리의 직장생활은 보다 독립적이고 자유로운 단계로 나아갈 채비를 하게 될 것이다.

그러나 우리가 진정으로 독자적으로 살아가기 위해서는 '정신'뿐 아니라 '물질'의 역할 또한 매우 중요하다. 물질을 외면한 정신의 강조는 마치 취업을 준비하는 학생에게 '당장 취업하지 못한다고 해도 당신의 삶은 괜찮습니다'라고 말하는 것과 다름없을뿐더러, 그러한 정신은 오래 지속되기도 어렵다. 인간의 삶은 육체와 영혼이 결합되어 온전한 삶으로 이어져가기 때문이다.

그렇다면 독자적인 직장생활을 만들어가기 위해 우리가 물질적으로 해야 할 일은 무엇일까? 결론부터 말하면 '물질' 자체가 우리의 독자적인 직장생활을 돕는다. 이때 물질은 다양한 요소를 의미할 수 있는데, 그것이 음식이든, 집이든, 멋진 옷이든, 또는 그 어떤 무엇이든 간에 그 핵심은 바로 교환의 매개가 되는 '돈'이다. 즉, 적절한 수준의 돈을 버는 것은 그 자체로 우리를 더욱 독자적일 수 있도록 돕는다. 때로는 돈이 많아서 생기는 문제도 있지만, 그보다는 돈이 없어서 생기는 문제가 훨씬 더 많을뿐더러 우리의 독립과 자유를 방해하는 정도도 더 크다. 따라서 우리는 독립적이고 자유한 인간으로 살아가기 위해 반드시 돈을 벌어야 한다.

스스로에게 질문을 던져보자. "왜 직장생활을 하는가?" 그리고 "과연 어떤 환경이 주어지면 직장생활을 하지 않겠는가?"

인간의 모든 활동의 근원에는 욕구가 자리하고 있다. 욕구란 '무엇을 얻거나 무슨 일을 하고자 바라는 것'이다. 즉, 인간은 누구나 어떤 부분에선가 부족함을 느끼고, 이를 채우기 위해 노력하기 마련이다. 이것이 우리 삶과 일상에서 많은 행동과 의사결정을 점유한다. 에이브러햄 매슬로**Abraham Maslow**의 '동기이론**Maslow's Motivation Theory**'에서 말하는 5단계의 욕구와 같이, 인간의 욕구는 다양한 단계로 구분되고 그 각각이 풀고자 하는 과제도 서로 다르다. 이때 그것이 무엇이든 간에 우리가 욕구를 해결하는 방법은 단 두 가지뿐이다. 채우거나, 없애는 것이다. 이 둘 중 어느 쪽으로도 그것을 해결하지 못할 때 우리는 이를 '욕구 불만'이라고 하며, 이는 많은 경우 삶의 복잡도와 난도를 높인다.

만약 성공적으로 어떤 욕구를 없애게 되었다면 이는 많은 경우 당신의 '정신'이 생각과 행동을 바꾼 결과일 가능성이 높고, 반대로 어떤 욕구를 채우는 데에 성공했다면 여기에는 필히 일종의 교환과 소비 활동이 뒤따랐을 것이다. 친구를 만나기 위해 예쁜 카페에 갈 때에도, SNS에서 유명해진 멋진 옷을 사 입을 때에도, 혹은 새로 생긴 호텔로 '호캉스'를 가려고 할 때에도 돈은 필요하다. 몇 끼를 굶었다면 '비록 차린 게 없더라도' 밥을 먹어야만 살 수 있고, 추운 겨울에 길을 나선다면 '비록 누비지고 해졌더라도' 두툼한 외투한 벌은 필요하다.

이러한 맥락에서 보면 삶의 매 순간은 욕구를 채우고 비우는 선택의 연속이고, 그 결정에 따라 소비와 교환의 행동, 또는 생각과 마음을 달래는 일의 반복이다. 그리고 이러한 결정과 행동을 돕는 핵심적인 수단이 바로 교육과 경제활동이며, 이중 경제활동의 상당 부분은 직장생활을 통해 이루어진다.

물론 직장생활의 목적을 자아실현 등으로 설명하는 경우도 있지만, 자아실현은 노래를 부르면서도, 춤을 추면서도, 그림을 그리면서도, 책을 읽으면서도 할 수 있지만 그 자체가 돈을 버는 활동과 반드시 직결되는 것은 아니다. 그러나 월급을 받지 않는 직장생활은 일반적으로 존재하지 않는다. 그래서 직장생활의 제1의 목적은 자아실현이 아닌 인생을 사는 데에 필요한 욕구를 다스릴 '돈'

과, 이와 연결되는 '정신'을 키우는 것에 더 가깝다. 바꿔 말하면, 삶에 필요한 돈과 정신이 모두 준비되고 나면, 반드시 직장생활을 해야 할 이유는 어디에도 없다. 직장생활을 하지 않고도 취미 생활을 할 수 있고, 무언가를 배울 수 있고, 원하는 사람들을 만날 수 있기 때문이다.

이는 우리에게 직장생활의 논리적 지향점을 암시한다. 직장생활을 하는 동안 삶에 필요한 욕구를 적절히 다루는 데에 필요한 돈을 벌고, 정신을 함양해야 한다는 점이다. 그리고 이때 '삶의 기간'은 특정 시기가 아닌 '일평생'이 되어야 한다. 한 인간의 욕구는 태어나서 죽는 순간까지 끊이지 않고 이어지기 때문이다. 반면, 직장생활은 한정된 기간 동안만 이루어진다. 이것이 우리가 직장생활을 해나감에 있어서 보다 분명하고 독자적인 관점을 가져야만 하는 이유다.

그렇다면 우리가 삶의 질과 양을 증가시키기 위한 목적에서, 직장생활을 더욱 독자적으로 해나가기 위해 돈에 대해 가져야 할 관점은 무엇일까? 이를 위해 우리가 가장 먼저 던져야 할 질문은 다음과 같다.

"당신의 일평생의 욕구를 충족시키는 데에는 얼마의 돈이 필요한가?" 즉, "당신이 일생을 살아가는 데에는 얼마의 돈이 필요한가?"

Life Time Money(LTM)

사실 이 책을 쓰기 시작한 계기는 2017년 들어간 서울대학교 Executive MBA에서 만난 한 형 때문이다. 이미 독립적이고 자유로운 인간에 가까웠던 형은, 대기업에 입사한 지 4년 만에 "회사 매출을 20배 올려주면 저의 연봉도 10배 올려줍니까?"라는 도발적인 질문을 던졌다. 당연히 회사는 이를 받아주지 않았고 형은 더 볼 것 없다는 판단에 회사를 나와 컨테이너에서 사업을 시작했다. 그리고 15년 만에 연 매출 3천억 원대의 회사를 만들었다. 형은 종종 돈에서 자유로워지니 인생에 정말 중요한 일들에 충분히 집중할 수 있게 되었고, 그 결과 지속적으로 행복을 추구해갈 수 있었다고 말했다.

이 개념이 누구에게나 중요한 이유는, 우리가 일생을 살아가는 데에는 돈이 필요하지만 돈이 인생의 전부는 아니며, 그러나 필요한 돈이 빨리 준비될수록 그리고 돈에 대해 걱정할 일이 적을수록 인생에서 정말 중요한 것들, 가령 건강이나 가족, 도전이나 성취, 또는 마음이나 정신 등에 더 많은 노력을 기울일 수 있기 때문이다. 그리고 이런 요소들이 우리가 더 많이, 더 오래 행복할 수 있도록 돕기 때문이다.

이를 실천적으로 이해하고 행동으로 이어가기 위해서는 몇 가지 질문을 던져볼 필요가 있다. 과연 당신의 일생에 필요한 돈은 얼마인가? 당신이 지금 받고 있는 돈과 앞으로 벌 것으로 예상하는 돈은 얼마인가?, 그 차이는 얼마이며, 이 차이에 대해 당신은 어떻게 대응할 것인가?

형은 이를 LTM^{Life Time Money}이라는 개념으로 정리했다. 즉, LTM은 일생에 필요한 돈을 기준으로 자신의 모든 경제활동을 계획하고 실행하고 변경하고 성장시켜나가는 것이다. 이것이 독자적인 직장생활에 중요한 이유는, 결국 우리 삶의 질과 양을 늘려가는 데 중요한 또 다른 축인 '물질'에 대해 중요한 관점을 갖도록 도와주기 때문이다.

삶은 끝나는 순간까지 행복해야 한다. 행복하기 위한 많은 일들에는 보통은 돈이 들기 마련이다. 따라서 우리가 일생을 더 행복하게 살아가는 데에 필요한 돈의 수준이 얼마인지를 알고 만들어가는 것은 행복으로 가는 필수 조건 중 하나다.

'연인과 함께 일주일간 여행을 떠났는데, 나흘 만에 수중의 돈이 다 떨어진다면?' '직장생활을 하는 30년간 남부럽지 않게 살았는데, 은퇴 후 30년의 삶이 궁핍하다면?' '100년을 사는데 99살까지는 부족함 없이 살고 마지막 1년을 힘들게 산다면?'

안 된다. 1년이 힘들어도 힘든 것이고, 한 달이 힘들어도 힘든 것이며, 심지어 하루가 힘들어도 힘든 것이다. 여행 중 하루라도 돈이 떨어지면 힘든 것이고, 30년을 잘 살았어도 나머지 30년이 힘들면 힘든 것이며, 일생 중 1년이라도 돈이 떨어지면 힘든 것이다. 따라서 죽는 날까지 삶의 여정에 필요한 돈이 얼마인지 파악하고, 이 돈을 버는 방법과 돈이 떨어지지 않게 하는 방법을 고민하고 실천해야만 우리의 삶은 더욱 독립적이고 자유로워질 수 있다.

그렇다면 어떻게 LTM을 산정할 수 있을까? LTM이 우리에게 묻는 핵심 질문은 바로 '죽는 날까지 얼마의 돈이 필요한가?'이다. 예를 들어보자. 아래는 LTM을 산정하는 일반적인 가정이다. 물론 사람마다 라이프스타일과 그 사이클은 다르다. 사회생활을 시작하는 시점 또한 천차만별이다. 따라서 '일반적'이라는 말은 매우 큰 오해와 왜곡의 위험을 안고 있다. 그럼에도 그 개념을 더 실질적으로 이해하기 위해 아래와 같이 예시를 만들어봤다(계산의 편의를 위해 세금, 금리, 인플레이션 등은 고려하지 않았다).

평범한 환경에서 자란 K는 부모의 보살핌 아래 살다가 28세에 취업을 하고, 독립적인 삶을 시작한다. L을 만나 32세에 결혼을 하고, 90세에 죽는다. K는 34세에 첫 아이를 낳고, 36세에 둘째 아이를 갖는다. 그리고 막내가 20세가 되는 55세까지 직장생활을 이어간다.

독립 후 결혼 전까지 4년간 K는 매월 월세 비용으로 50만원을, 생활비로 50만 원을 썼다. 결혼을 하고 아이가 생기기 전까지 2년간 부부는 생활비로 매월 150만원을 썼고, 양가 부모님께 용돈으로 매달 10만원씩을 드렸다. 버겁지만 이후 24년을 한결같이 챙겨 드린다. 첫 아이가 생기고 나니 돈 들어가는 곳이 늘었다. 생활비는 어느새 월 200만원으로 늘었고, 둘째 아이가 태어나니 월 생활비가 250만원이 되었다. 이는 두 아이 모두 스무 살이 되기까지 20년간 이어졌다.

아이들이 초등학교에 들어간 이후부터 대학에 진학하기까지 매월 각 50만원이 교육비로 나갔다. K는 첫째 아이가 초등학교에 들어가고 나서부터 둘째 아이가 초등학교를 졸업할 때까지 매년 한 차례 해외여행을 갔다. 가족 4명이 함께 움직이며 매번 600만 원가량의 비용을 지출했다. 아이들이 중학생이 된 후로는 매년 두 번씩 부부만의 여행을 다녀온다. 한 번은 관광, 한 번은 골프 여행이다. 17년을 한결같이 다니며 매번 300만원을 여행 경비로 지출한다.

차는 결혼 이후 10년마다 한 번씩 바꾼다. 처음에는 4천만 원, 다음에는 7천만 원, 그리고 그다음에는 1억 원짜리 차를 샀다. 집도 장만했다. 결혼을 하며 마련한 전셋집 생활을 마무리하고 40대가 된 후

10억 원을 들여 아파트를 마련했다. 아이들은 어느새 대학에 진학했다. 학비는 대학생활 4년 동안 각자에게 1천만 원씩 지원해준다. 대신 또 다른 1천만 원씩을 주식 투자 자금으로 지원한다.

그러던 중 어느새 그는 55세가 되었고, 은퇴를 했다. 아이들도 결혼을 하며 품을 떠났다. 아이들의 결혼에 각각 1억 원씩을 보태준다. 그리고 은퇴 후 부부는 생활비와 건강 관리비로 매월 200만원을 사용하기로 계획한다.

위 가정으로 산출한 금액을 합산하면, 그가 일평생을 살아가는 데에 필요한 돈은 대략 33억 원이다. 물론 그도 다른 이들처럼 자녀가 결혼을 할 때 더 근사한 집도 마련해주고 싶었고, 유학도 보내주고 싶었지만 그러한 선택은 하지 않았다. 이제 K에게 평생 필요한 돈이 얼마인지를 알았다.

다음으로 K가 얼마를 벌 수 있을지 알아볼 차례다. K가 버는 돈을 계산해보자. 직장생활 초기 10년간의 연봉을 평균 5천만 원으로, 두 번째 10년간 연봉은 평균 7천만 원으로, 마지막 8년은 평균 1억 원으로 가정하자. 이 경우 그가 28년간의 직장생활을 통해 벌어들일 수 있는 돈은 총 20억 원이다. 그리고 만 65세부터 90세까지 25년 간은 월 100만 원씩, 총 3억 원을 국민연금으로 수령한다. 답이 나왔다. K의 LTM은 33억 원인데 그가 평생 회사 생활과 연금으로 벌 수 있는 돈의 총액은 23억 원이다. 결국 10억 원가량이 부족하다.

K의 평생 총예상비용

항목	월 비용	연간 비용	햇수	총비용
결혼 전 월세	50만 원	600만 원	4	2,400만 원
결혼 전 생활비	50만 원	600만 원	4	2,400만 원
신혼 생활비	150만 원	1,800만 원	2	3,600만 원
양가 부모님 용돈	20만 원	240만 원	24	5,760만 원
자녀 1명 시 생활비	200만 원	2,400만 원	2	4,800만 원
자녀 2명 시 생활비	250만 원	3천만 원	20	6억 원
자녀 2명 학원비	100만 원	1,200만 원	12	1억 4,400만 원
가족 여행	–	600만 원	8	4,800만 원
부부 여행	–	600만 원	17	1억 200만 원
첫 번째 차 구매	–	4천만 원	1	4천만 원
두 번째 차 구매	–	7천만 원	1	7천만 원
세 번째 차 구매	–	1억 원	1	1억 원
자가 마련	–	10억 원	1	10억 원
자녀 2인 학자금	–	2천만 원	1	2천만 원
자녀 2인 주식 지원금	–	2천만 원	1	2천만 원
자녀 2인 결혼 비용	–	2억 원	1	2억 원
은퇴 후 부부 생활비	200만 원	2,400만 원	35	8억 4천만 원
총예상비용(A)				33억 7,360만 원

항목	월 비용	연간 비용	햇수	총비용
첫 10년 연봉	–	5천만 원	10	5억 원
다음 10년 연봉	–	7천만 원	10	7억 원
마지막 8년 연봉	–	1억 원	8	8억 원
국민연금 수령액	100만 원	1,200만 원	25	3억 원
총예상소득(B)				23억 원
차이(B-A)				-10억 7,360만 원

여기서 우리가 직시해야 할 현실은, 지금 다니고 있는 회사는 K의 LTM의 부족분 10억여 원에 대해 단 한 푼도 도와줄 이유가 없다는 점이다. 회사와 우리의 관계가 의미 있는 기간은 우리가 회사를 다니는 딱 그 기간 동안이다. 애초에 회사와 구성원은 이혼을 합의한 채 결혼을 했고, 이혼 후에 남남이 되는 것에는 그 어떤 이유도 없다.

이것이 바로 우리가 삶을 회사에 맡겨서는 안 되는 이유이고, 회사를 다니는 동안 훨씬 더 독자적으로 직장생활을 해야만 하는 직접적이고 분명한 이유다.

LTM으로 가는 길

그렇다면 어떻게 필요한 LTM을 만들 수 있을까? 우리는 부족한 돈의 규모를 줄이기 위해 LTM의 가정을 바꿀 수 있다. 이는 스프레드시트에 적어둔 숫자를 줄인다는 디지털적인 개념이 아니라, 실제 우리가 삶에서 누리고자 하는 것들의 수준과 가짓수를 조정하는 것을 뜻한다. 즉, 생활비의 수준과 여행 횟수, 자녀 교육비, 자가용이나 주택 구입의 기회 등 매우 구체적이고 실질적인 것들에 대한 조정이다.

여기에는 정신적인 지원이 필요하다. 대부분의 경우 이러한 결정은 익숙한 생활 습관에 대한 도전이며, 미래의 소망과의 충돌이기 때문이다. 심지어 자녀 계획을 조정하는 경우와 같이 삶의 지향점과 가치관, 추구하는 행복을 종류마저도 바꿔야 할 경우도 있다.

LTM의 수준을 낮춘 K의 평생 총예상비용

항목	월 비용	연간 비용	햇수	총비용
결혼 전 월세	50만 원	600만 원	4	2,400만 원
결혼 전 생활비	50만 원	600만 원	4	2,400만 원
신혼 생활비	100만 원	1,200만 원	2	2,400만 원
양가 부모님 용돈	0원	0원	24	0원
자녀 1명 시 생활비	150만 원	1,800만 원	2	3,600만 원
자녀 2명 시 생활비	200만 원	2,400만 원	20	4억 8천만 원
자녀 2명 학원비	80만 원	960만 원	12	1억 1,520만 원
가족 여행	–	400만 원	4	1,600만 원
부부 여행	–	400만 원	10	4천만 원
첫 차 구매	–	2,500만 원	1	2,500만 원
두 번째 차 구매	–	4천만 원	1	4천만 원
세 번째 차 구매	–	6천만 원	1	6천만 원
자가 마련	–	7억 원	1	7억 원
자녀 2인 학자금	–	1천만 원	1	1천만 원
자녀 2인 주식 지원금	–	–	1	–
자녀 2인 결혼 비용	–	1억 원	1	1억 원
은퇴 후 부부 생활비	150만 원	1,800만 원	35	6억 3천만 원
총예상비용(A)				23억 2,420만 원

항목	월 비용	연간 비용	햇수	총비용
첫 10년 연봉	–	5천만 원	10	5억 원
다음 10년 연봉	–	7천만 원	10	7억 원
마지막 8년 연봉	–	1억 원	8	8억 원
국민연금 수령액	100만 원	1,200만 원	25	3억 원
총예상소득(B)				23억 원
차이(B-A)				−2,420만 원

이처럼 결코 쉽지 않겠지만 이러한 상황을 받아들이고 인내하는 것이, 더 많은 돈을 버는 것보다 더 현실적인 해결 방법이라면 우리는 LTM의 규모를 줄이는 방향으로 노력을 기울여야 한다. 이미 대중문화 안에서도 '심플 라이프Simple Life' 또는 '소확행(소소하지만 확실한 행복)' 등의 개념이 이러한 방향을 담고 있다.

반면, 필요한 LTM의 수준을 유지하거나 더 높이고자 한다면 방법은 하나뿐이다. 돈을 더 많이 벌거나, 더 빨리 버는 것이다. 회사에서 받는 돈을 늘리고, 회사 이외의 곳에서도 수입을 추구하며, 혹은 이직을 하며 몸값을 높여나가야 한다. 또는 사업을 시작할 수도 있고, 자신만의 저작물을 만들어낼 수도 있다. 주식 투자를 하거나 부업을 하는 것 역시 바로 이러한 방향을 가진 이들이 할 수 있는 구체적인 행동 중 하나다. 그 다양한 방법 중, 어떻게 하면 회사에서 받는 돈의 양을 늘릴 수 있을지가 이 책의 주된 관심사다.

분명한 사실은 가만히 있는 당신에게 어느 날 갑자기 회사가 먼저 나서서 두세 배의 돈을 줄 리는 없다는 점이다. 그저 열심히 일할 뿐인 이에게 회사가 먼저 정해진 규칙을 넘어서는 수준의 연봉 인상을 제안할 리는 없다. 따라서 당신은 회사 안에서 더욱 중요한 사람이 되거나, 회사를 옮기며 중요성을 높여가는 방법 중 한 가지를 택해야만 한다. 그리고 이 둘 중 어느 쪽이든 본인에게 맞는 방법을 찾고 실행해가기 위해서는 독자적인 관점이 필요하다.

먼저, 회사 안에서 몸값을 높이고자 할 때에 가장 합리적인 접근법은 이미 더 높은 자리에 가 있는 이들이 얼마나 많은 돈을 받고 있는지를 알고, 그들이 어떻게 그 자리에 갔는지, 그 자리의 핵심 요건은 무엇이며, 그들이 만드는 결과는 무엇인지 이해하는 것이다. 그러고 나서 그들과 당신의 차이를 인지한 뒤 그 차이를 넘어서기 위한 성장의 방법을 찾고 실행하면 된다.

이런 얘기가 막연하게 느껴진다면, 지금 당신 회사의 임원 중 10명을 선택해서 그들의 학력, 거쳐온 회사, 거쳐온 산업 분야와 담당한 역할, 직급의 변화, 성공한 프로젝트, 연봉의 변화 추이 등의 객관적인 정보를 찾아보자. 그리고 조금 덜 객관적인 정보로써, 그들의 네트워크와 대인 관계의 특성, 강점과 약점, 그들에게 따른 운의 종류와 크기 등을 살펴보자.

이 과정을 최대한 깊이 들여다볼수록 그들이 성장한 방식과 그들의 성장을 도운 환경이 보이기 시작할 것이고, 동시에 당신이 걸어온 길과, 지금 당신이 머물러 있는 곳의 특성, 앞으로 나아가야 할 방향이 점차 감각적으로 강하게 느껴질 것이다. ·

만약 이러한 정보를 얻을 길이 없다면 훨씬 쉬운 방법이 또 하나 있다. 바로 책이다. 주어진 환경에서 결과를 만들어낸 방법에 관한 책이든, 그렇게 해낸 사람들에 관한 책이든, 모두 당신에게 도움을 줄 수 있다. 그 책의 이야기들을 통해 당신이 바꾸거나 새롭게 해야 할 일들을 발견해내기만 한다면 말이다.

이러한 노력을 통하여 결과적인 가정으로 당신이 임원의 자리에 올랐을 때 벌 수 있는 돈의 규모는 당연히 커진다. 당신이 일반적인 사원 – 대리 – 과장 – 차장 – 부장의 과정을 다소 빠르게 거치고 상무와 전무의 자리까지 올랐다고 하자. 그리고 매해 대략적인 연봉 인상률은 5%이고, 승진을 하는 해에는 인상률이 높다고 가정하자. 만약 당신의 초봉이 4천만 원이었다면 대략 아래와 같은 계산이 가능하다.

임원으로 퇴직 시 연봉예상표

입사연차	나이	직급	상승률	연봉
1	28	사원	–	4천만 원
2	29	사원	5%	4,200만 원

입사연차	나이	직급	상승률	연봉
3	30	사원	5%	4,410만 원
4	31	대리	10%	4,851만 원
5	32	대리	5%	5,093만 5,500원
6	33	대리	5%	5,348만 2,275원
7	34	대리	5%	5,615만 6,389원
8	35	과장	15%	6,457만 9,847
9	36	과장	5%	6,780만 8,839원
10	37	과장	5%	7,119만 9,281원
11	38	과장	5%	7,475만 9,245원
12	39	차장	20%	8,971만 1,095원
13	40	차장	5%	9,419만 6,649원
14	41	차장	5%	9,890만 6,482원
15	42	차장	5%	1억 385만 1,806원
16	43	부장	30%	1억 3,500만 7,348원
17	44	부장	5%	1억 4,175만 7,715원
18	45	부장	5%	1억 4,884만 5,601원
19	46	부장	5%	1억 5,628만 7,881원
20	47	부장	5%	1억 6,410만 2,275원
21	48	상무	50%	2억 4,615만 3,412원

입사연차	나이	직급	상승률	연봉
22	49	상무	10%	2억 7,076만 8,753원
23	50	상무	10%	2억 9,784만 5,629원
24	51	상무	10%	3억 2,763만 192원
25	52	상무	10%	3억 6,039만 3,211원
26	53	전무	100%	7억 2,078만 6,421원
27	54	전무	10%	7억 9,286만 5,064원
28	55	전무	10%	8억 7,215만 1,570원
총계				56억 3,479만 2,479원

즉, LTM을 달성하기 위해 회사에서 더 많은 돈을 버는 방법 중 하나는 어떻게든 임원의 자리에 오르는 것이다. 그리고 LTM보다 20억가량의 돈을 더 벌어서 편안한 노후를 보내는 것이다.

또 다른 경우로, 임원 승진을 하지는 못했지만, 그래도 평사원 중 가장 높은 직급인 부장으로 은퇴까지 간다고 가정해보자. 일반적으로 임원이 되지 못한 평사원이 정년까지 갈 때 후반부에는 오히려 연봉 인상이 아니라 감소가 되는 현상을 고려했다. 이 경우 아래의 계산처럼, 여전히 2억 5천만 원가량이 부족하다. 28년을 근무했는데 말이다.

부장으로 퇴직 시 연봉예상표

입사연차	나이	직급	상승률	연봉
1	28	사원	–	4천만 원
2	29	사원	5%	4,200만 원
3	30	사원	5%	4,410만 원
4	31	대리	10%	4,851만 원
5	32	대리	5%	5,093만 5,500원
6	33	대리	5%	5,348만 2,275원
7	34	대리	5%	5,615만 6,389원
8	35	과장	15%	6,457만 9,847원
9	36	과장	5%	6,780만 8,839원
10	37	과장	5%	7,119만 9,281원
11	38	과장	5%	7,475만 9,245원
12	39	차장	20%	8,971만 1,095원
13	40	차장	5%	9,419만 6,649원
14	41	차장	5%	9,890만 6,482원
15	42	차장	5%	1억 385만 1,806원
16	43	부장	30%	1억 3,500만 7,348원
17	44	부장	5%	1억 4,175만 7,715원

입사연차	나이	직급	상승률	연봉
18	45	부장	5%	1억 4,884만 5,601원
19	46	부장	5%	1억 5,628만 7,881원
20	47	부장	5%	1억 6,410만 2,275원
21	48	부장	5%	1억 7,230만 7,389원
22	49	부장	5%	1억 8,092만 2,758원
23	50	부장	5%	1억 8,996만 8,896원
24	51	부장	0%	1억 8,996만 8,896원
25	52	부장	−5%	1억 8,047만 451원
26	53	부장	−5%	1억 7,144만 6,928원
27	54	부장	−10%	1억 5,430만 2,236원
28	55	부장	−10%	1억 3,887만 2,012원
총계				31억 2,445만 7,793원

만약 위의 경우에서처럼 정년을 채우는 것이 아니라, 본인의 의
지로 더 빨리 은퇴하거나, 혹은 어쩔 수 없는 상황으로 인해 더 일
찍 회사를 떠나야 한다면 어떻게 될까? 물론 후자의 경우는 우리가
가장 마주하고 싶지 않은 상황일 것이다. 한편, 전자의 경우를 원한
다면 보다 구체적으로 은퇴를 원하는 시기와 그에 필요한 돈을 계
산하여 이를 벌 수 있는 기회를 찾아 이직하는 것이 합리적이다.

45세에 은퇴 계획 시 연봉상승표

입사연차	나이	직급	상승률	연봉
1	28	사원	–	4천만 원
2	29	사원	5%	4,200만 원
3	30	사원	5%	4,410만 원
4	31	대리	10%	4,851만 원
5	32	대리	5%	5,093만 5,500원
6	33	대리	5%	5,348만 2,275원
7	34	대리	5%	5,615만 6,389원
8	35	과장	15%	6,457만 9,847원
9	36	과장	5%	6,780만 8,839원
10	37	과장	5%	7,119만 9,281원
11	38	?	–	1억 5천만 원
12	39	?	–	2억 원
13	40	?	–	2억 5천만 원
14	41	?	–	3억 원
15	42	?	–	4억 원
16	43	?	–	4억 5천만 원
17	44	?	–	5억 원

입사연차	나이	직급	상승률	연봉
18	45	?	–	5억 5천만 원
총계				33억 3,877만 2,132원

예를 들어 당신이 45세에 은퇴를 하고자 한다면 생각할 수 있는 계산 중 하나는 다음과 같다. 10년가량 직장생활을 한 뒤 남은 8년 내에 은퇴를 하기 위해서 위 표에서 보는 것과 같이 매해 이전 10년의 직장생활 때와는 비교할 수 없을 정도로 많은 돈을 버는 것이다.

여기에는 두 가지 중요한 의미가 담겨 있다. 먼저, 월급만 받으며 회사가 제시하는 연봉 인상에 의존하는 직장생활의 패턴으로는 여간해서는 은퇴 전에 LTM을 달성하기 어렵다는 점이다. 두 번째는, 그렇다면 이것을 가능하게 해주는 직장생활의 기회는 무엇인가 하는 점이다. 창업을 하거나 사업을 하는 경우를 차치하고 직장생활 안에서 그 답을 찾는다면 답은 의외로 명확하다. 성장 가능성이 높은 기업의 초기 단계에 합류하여 성장을 실현하고, 그 과실을 나누어 갖는 것이다.

2020년과 2021년 시장을 뜨겁게 달군 하이브(전 빅히트엔터테인먼트), 배달의민족, 하이퍼커넥트, SK바이오사이언스, 카카오게

임즈, 카카오뱅크, 크래프톤 그리고 쿠팡의 사례는 결코 기업 거래 시장에만 존재하는 금융 뉴스가 아니다. 그 안에는 평범한 직장생활로는 어지간해서는 손에 잡기 힘든 부를 획득한 또 다른 '일반 직장인'들의 이야기가 무수히 많이 담겨 있다.

중요한 점은 이들의 선택이 이미 그 결과가 드러난 '현재'의 시점이 아니라, 한치 앞을 알 수 없거나 오히려 위험이 크다고 평가되었던 '과거'의 시점에서 이루어졌다는 점이다. 단적으로 대기업과 비교하여, 언제 망할지도 모를 이들 기업에 몸을 담는 선택은 누구에게나 큰 고민을 안겨주었을 것이다. 그리고 이를 선택하고 돈을 번 '일반 직장인' 누구에게나 각자 선택의 이유가 있었을 것이다. 그 이유가 무엇이든 간에 그들은 보다 독립적이고 자유로운 생각으로 판단했고, 행동했고, 그 결과 삶에 필요한 돈을 조금 더 많이, 조금 더 빨리 벌기 시작했다.

LTM 만들기

'그렇다면 LTM은 어떻게 만들 수 있을까? 즉, 전 생애에 필요한 돈은 어떻게 벌 수 있을까?'

우리의 욕구를 해결하기 위해서는 돈이 필요하다. 바꾸어 생각하면, 돈을 들여야 할 필요가 있을 정도의 욕구 해결은 우리에게 가치 있는 일이다. 그래서 우리는 그 일에 돈을 쓴다. 즉, 가치가 우리의 지갑을 연다. 이를 기업의 관점에서 생각해도 마찬가지다. 기업은 영리를 추구하며, 기업의 수익은 고객으로부터 나온다. 고객이 기업에게 돈을 준다. 그들이 가치 있게 느끼는 재화나 서비스를 기업이 제공하기 때문이다.

이제 기업 내부로 들어가서 생각해보자. 기업이 많은 돈을 주는 구성원은 누구일까? 기업이 인재로 구분하고, 어떻게든 붙잡아두고 싶어 하는 이는 누구일까? 바로 회사가 더 많은 돈을 벌 수 있도록 해주는 구성원이다. 더 구체적으로는 고객이 가치를 느끼는 재화나 서비스를 잘 찾아내거나, 창조해내거나, 제공해주어서 그 덕에 회사가 돈을 벌 수 있도록 돕는 구성원이다.

따라서 직장인으로서 우리는 LTM을 만들기 위해 회사와, 본질적으로는 고객이 원하는 것을 더 잘 알고 만들어낼 수 있어야 한다. 이때 우리가 고객이 원하는 것에 집중할 수 있도록 도와주는 마법의 단어가 바로 '가치'다. 가치는 회사가 직원을 붙들게 만들고, 직원이 회사에서 더 많은 돈을 받을 수 있도록 돕는다. 따라서 우리의 일은 철저하게 '가치 창출'에 초점을 맞추어야 한다.

사실 우리가 '일을 했다'고 할 때 이는 단순히 '무언가를 했다'는 표면적인 사실과 '무언가를 해서 어떤 결과를 만들었다'는 결과적인 사실 모두를 의미할 수 있다. 전자를 '노동의 투입', 후자를 '노동의 결과'로 구분한다면 우리가 살펴야 할 것은 당연히 후자다.

이를 적극적으로 구현하고 있는 기업 중 한곳인 알리바바에는 '노력에 대해서는 박수를, 보상은 성과에 대해서만'이라는 원칙이 있다. 노동의 투입 차원에서 최선을 다한 이들의 노력은 알아주겠지만, 보상은 그 결과로 만들어진 가치에 대해서만 주겠다는 의미다. 안타까운 점은 수많은 대기업에서 아직도 '전략'을 짜고 '계획'을 만들고 '보고서'를 작성하는 등, '노동의 투입'에 그칠 뿐인 일들에 필요 이상으로 많은 에너지를 소모하고 있다는 점이다. 심지어

가끔은 그 일이 결과로 이어지지 않아도 별다른 문제가 되지 않을 뿐더러 심지어 보상까지 주어지는 경우도 있다.

그러나 노동의 결과에 집중하는 기업들은 노동의 투입에 대한 과몰입과 과소비를 지양하고 있다. 대표적인 예가 바로 아마존이다. 현란한 파워포인트 대신 기사 형식의 글을 통해 실행하고자 하는 바를 전달하는 '1~6-pager' 뿐만 아니라, 실제 아마존은 컨트롤타워 성격의 전략 부서도 두고 있지 않다. 그저 '실행'과 '결과'를 직접 챙길 수 있는 여러 사업조직이 각자의 전략과 계획, 실행을 유기적으로 챙기고 있을 뿐이다. 노동의 투입에 더 많은 시간을 쓰는 회사와 노동의 결과에 집중하는 회사 중 어느 쪽이 더 큰 성과와 성장을 만들어내고 있는지는 굳이 말할 필요조차 없다.

또한 같은 크기의 노동을 투입했다면 당연히 더 큰 결과가 나오기를 추구해야 한다. 기업의 입장에서 1을 투입했을 때 2를 만드는 사람과 20을 만드는 사람의 차이는 말할 수 없이 크기 때문이다. 넷플릭스의 CEO 리드 헤이스팅스**Wilmot Reed Hastings Jr.**가 그의 저서 『규칙 없음**No Rules Rules**』에서 창의적인 분야에서는 최고의 인재가 평범한 이들보다 10배 이상 더 많은 일을 해낸다고 말하며, 넷플릭스가 그토록 인재 밀도를 높이는 일에 집중하는 이유를 강조한 것도 이와 같은 맥락에서다.

우리의 일은 단순히 무언가를 '했다'에 머물러 있어서는 안 되며, 그 결과 무엇을 '만들어냈는지'에 초점을 맞춰야 한다. 또한 그 결과는 투입된 노동력 대비 클수록 좋다. 어떤 직원이 하는 일의 결과가 이에 가까울수록, 회사는 더 많은 돈을 주고서라도 그를 붙들어두며 성장시킬 것이다. 반대로 그렇지 않을수록 그의 가치는 낮아지며, 대체하기 쉬워질 것이다.

2009년 첫 직장인 국내의 한 이동통신사에 입사했을 당시, 나에게는 138명의 동기가 있었다. 그들 중 상당수는 현재 다른 회사와 다른 영역에서 일을 하고 있는데, 그중 가장 두드러지는 활약을 보이는 몇몇 동기들은 공통적으로 시장에서 가치를 만들어내는 데에 성공하고 있다는 특징을 보인다.

예를 들어 친구 J는 사용자 기반의 언어 번역 시장을 개척하며 '언어 데이터' 영역에서 자신의 사업을 키워가고 있고, 또 다른 친구인 Y는 2019년 대한민국 최고의 히트작인 펭귄 캐릭터를 만들어 많은 국민들의 마음에 위안을 전했다. 또 다른 친구 G는 입사를 하는 순간부터 3년 안에 필요한 것을 다 배우고 다음 도전을 하겠다는 다짐을 하고 이를 실천해가며 현재는 세계 최대 전자상거래 기업의 베트남 사업을 이끌고 있다. 이들 세 명은 일을 통해 가치를 만들어내는 데에 집중했으며, 그 결과는 투입한 노력보다 훨씬 큰 결과로 이어지고 있다. 자연히 몸값이 올라가고 있음은 의심할 여지가 없다.

물론 수많은 이들 중 성공적인 케이스만을 꼽아 결과론적인 이야기를 하려는 것은 아니다. 가치를 만들어내는 일에 집중하기 위해 모두가 최고라고 꼽던 대기업을 떠나 맨땅에서 본인의 회사를 만들어 낸 J나, 지상파 3사에 끼지 못하던 방송사에 가서 새로운 도전을 시작한 Y, 그리고 회사를 수단으로 삼으며 지속적인 성장을 추구해 가고 있는 G 모두, 그러한 선택을 할 수 있었던 근원적인 힘이 가치 창출에 대한 분명한 관점에 있으며, 이는 독자적이고 자유로운 삶에 대한 열망에서 나온다는 점이 이 세 친구가 우리에게 전해주는 메시지다.

그렇다면 더 많은 가치를 만들어내는 일은 순전히 직원 개인에게 달린 일일까? 즉, 전적으로 직원으로서 우리가 어떻게 하느냐에 따라 달라지는 일일까? 그렇지 않다. 물론 어떤 환경에서도 결국 자신이 잘해야 과실을 얻을 수 있다는 점에서 스스로 가치 창출에 민감해야 하지만, 동시에 자신이 몸담고 있는 회사의 구조와 상황을 분명하게 파악하는 것 또한 매우 중요하다.

예를 들어 철저하게 연공서열에 따라 움직이고, 정해진 시간에 정해진 일을 하는 것을 중시하는 회사에서는 실적이 좋다는 이유만으로 월등히 높은 보상을 논하기가 쉽지 않다. 적자 규모가 크고, 보유하고 있는 자본도 적은 기업도 비슷하다. 개인이 아무리 뛰어난 역량을 보인다고 해도 독보적인 수준의 보상을 기대하기는 어렵다. 더 많은 경우, 조직이 클수록 개인의 특별한 기여를 구분해내는 것 자체가 쉽지 않기도 하다.

이는 곧, 직원 개인이 더 높은 가치를 만들어낼 가능성을 가지고 있는 터는 따로 있음을 의미한다. 그곳이 어디일까? 원점으로 돌아가보자. 회사는 회사에 가치를 만들어주는 직원에게 더 많은 돈을 준다. 이를 직원 입장에서 생각하면, '그 터'는 가치를 만들어 내기 용이한 회사이자 만들어진 가치를 직원들과 공유하는 회사다.

그런 회사가 실제 어디인지는 각 산업에 따라, 그리고 시기에 따라 다른 데다가 지속적으로 변화한다. 따라서 이를 알기 위해서는 각자 관심을 갖고 있는 분야에서 깊이 공부하고 탐구해야 한다. 다만 그런 기업들의 일반적인 특징은 다음과 같다.

- 매년 성장하고 있는 기업
- 산업과 시장이 성장하고 있는 영역에 있는 기업
- 제품, 서비스, 지역, 국가 등 사업 확장의 역량을 갖추고 있는 기업
- 최고의 팀이 모여 있는 기업
- 구성원에게 보다 큰 역할과 권한을 제공하는 기업
- 회사 지분의 일부를 구성원과 공유하는 기업
- 회사 이익의 일정 비율을 구성원 보상에 사용하는 기업
- 상장 또는 투자 유치의 가능성을 안고 있는 기업

물론, 이러한 특징을 가지고 있는 기업에서 일하는 것이 그렇지 않은 기업에서 일하는 것보다 반드시 더 큰 가치를 내고, 더 많은 돈을 벌 수 있다고 단언할 수 있다면 좋겠지만, 안타깝게도 그런 보

장은 어디에도 없다. 하지만 노력을 담을 수 있는 공간이 넓고(성장하고 있고), 한번 쌓은 역량을 다른 곳에 사용할 수 있으며(확장 역량이 있고), 서로를 통해 배우고 성장할 수 있고(최고의 팀), 문제를 파악하고 풀어나갈 수 있는 곳(역할과 권한 부여)에 더 많은 가치 창출의 기회가 있음은 분명하다. 또한 그렇게 만들어진 성공의 일부를 자신의 보상으로 연결할 수 있고(지분 공유), 경우에 따라서 연봉보다 훨씬 많은 돈을 단기간에 벌 수 있는 구조(상장, 또는 투자 유치 가능성)를 가진 곳이 LTM의 달성에 더 많은 도움을 줄 수 있다는 점 또한 분명하다.

당연히 여기에는 그렇게 되지 못할 위험도 존재한다. 그러함에도 우리가 몸을 담은 곳이 이러한 특징을 가진 곳인지 살펴보는 것은 큰 노력을 기울이기에 앞서 우리가 쏟는 모든 노력이 구조적으로 헛되지 않은 것임을 아는 핵심 조건이라는 점에서 매우 중요하다. 단적인 예로 공무원으로 직장생활을 하는 이가 회사에서 지분을 확보하고, 투자 유치나 상장을 기대하는 것이 구조적으로 이치에 맞지 않는 것과도 같다. 따라서 LTM을 만들어가기 위해 가치 창출에 힘을 쏟고자 한다면 먼저 창출된 가치가 직접적으로 보상으로 연결되는 구조를 가진 곳인지를 확인하는 것이 필요하다. 그래야 떡 줄 사람은 생각도 않는데 김칫국부터 마시는 상황을 피하고 유의미한 결과를 만들어갈 수 있기 때문이다.

가치의 비밀

이제 가치 창출로 한발 더 들어가보자. 가치는 어디에서 비롯될까? 앞서 말한 대로, 누구나 자신의 욕구를 채우고 싶은 것은 당연한 일이고, 우리는 욕구를 채워주는 것을 가치 있게 여긴다. 배고픈 이에게는 음식이, 잠이 필요한 이에게는 포근한 침대와 이부자리가, 그리고 사랑이 필요한 아이에게는 부모의 사랑이 가치 있는 것이다. 즉, '가치'는 욕구를 느끼고 채우고 싶어 하는 인간의 본능에 화답하는 모든 것들로부터 나온다.

이를 일에 접목하여 생각해도 마찬가지다. 가치는 개인의 욕구를 해결하는 데에서 비롯된다. 이때 더 많은 수의 개인들이 욕구를 해결하기 위해 집단을 이루고 더 체계적인 형태를 갖추어 움직이는 곳이 바로 '기업'이다. 그리고 기업이 제공하는 서비스와 제품을 통해 욕구를 해결하는 수많은 개인들을 우리는 '소비자'라고 부르며, 이 두 집단이 만나는 곳이 바로 '시장'이다.

일에서의 가치 또한 기업이 시장의 소비자들이 원하는 것을 제공하는 데에서 발생한다. 그리고 기업은 그 대가로 가치를 돈으로 치환하여 소비자에게 청구한다. 소비자가 이 돈을 지불하고 기업의 제품과 서비스를 구매하면 비로소 가치의 기본적인 흐름이 완성된다. 즉, 가치는 시장의 고객들이 원하는 것을 제공하여 그들의 욕구를 충족시키는 데서 나온다.

팬데믹으로 인해 밖에 나가기 어려운 이들의 집 앞까지 빠르게 물건을 배송해주는 기업이 성장을 거듭하고, 유명한 맛집의 제품을 찾아서 모바일을 통해 바로 배달까지 해주는 기업에 주문 요청이 쇄도한다. 좋은 직장을 구하기 위해 필요한 역량을 쌓도록 도와주는 학원들이나 강사들에게 입금이 끊이지 않고, 부자가 되고 싶은 사람들에게 필요한 조언을 전해주는 책들이 베스트셀러 코너를 독차지한다.

기계 번역의 수준을 끌어올리고자 애쓰는 글로벌 테크 기업들에게 언어 데이터를 제공하는 회사가 승승장구하고, 답답한 국민들의 마음에 시원한 즐거움을 심어주는 펭귄 캐릭터가 국민 캐릭터로 등극한다. 이러한 서로 다른 상황의 근간에는 고객의 욕구를 충족시켜주고 그로부터 가치를 만들어내는 기업 활동의 일관된 맥락이 담겨 있다. 결국 모든 기업의 활동과 일의 본질은 다음의 질문으로 대변할 수 있다.

'돈으로 치환할 수 있는 가치를 만들어내고 있는가?'

이를 매우 간결하고 우아하게 표현하는 한 단어가 바로 '비즈니스 모델'이다. 따라서 우리의 일은 고객과 시장의 욕구 해결에 초점을 맞춰야 하고, 그렇기 때문에 가치를 만들어내는 일은 필연적으로 고객과 시장에 대한 이해와 소통에 그 기반을 두어야 한다.

이를 좀 더 구체적으로 생각해보자. 만약 당신이 어떤 회사를 선택해야 하는 상황이라면 선택의 기준을 해당 회사가 시장과 고객을 대상으로 가치를 만들어내는 일에 중심을 두고 그 역량을 바탕으로 성장해가고 있는지에 두어야 한다. 당신이 이미 한 회사에 몸을 담고 있다면, 현재 쏟아붓고 있는 일의 에너지가 단지 회사 내에 국한되고 마는 인정에 집중되고 있는지, 아니면 실제 시장과 고객이 좋아하는 일들에 투입되고 있는지를 분명하게 살펴봐야 한다.

가치를 만들어내는 핵심 동력은 '실력實力'인데, 이 단어는 '실제로 갖추고 있는 힘이나 능력'을 의미한다. '진짜로' 그 일을 할 줄 알아야 한다는 것이며, '진짜로' 그 일을 통해 추가적인 가치를 만들어낼 수 있어야 한다는 것이다. 그 추가적인 가치는 반드시 '돈'으로 치환될 수 있어야 한다. 그렇기 때문에 '실력'을 키울 수 있는 회사에 몸을 담아야 하고, 지금 회사 안에서 '실력'을 키울 수 있는 일에 모든 것을 걸어야 한다. 그리고 '실력'의 '실實'이라는 글자에 내포되어 있듯이, 이는 반드시 시장과 고객을 대상으로 해야 한다.

그리고 이 '실력'이야말로 우리가 독자적인 직장생활을 해나갈 수 있게 도와주는 가장 근본적인 장치다. 시장과 고객이 필요로 하는 것을 파악하고 이를 제공하여 돈을 버는 일, 그리고 이 일을 실행하는 데에 필요한 모든 세세한 부분에 대해 이해하고 조망하는 능력이 커질수록 우리가 회사에 의존해야 하는 정도는 자연히 줄어들게 된다.

즉, 이러한 능력이 점차 더 강한 실력으로 쌓여가며, 우리는 회사에 의존하는 직장인에서 본인의 실력을 시장에서 검증받고 시장에서 활동하는 프로페셔널로 성장하게 된다. 자연히 우리를 찾는 회사의 수는 늘어날 수밖에 없고, 따라서 더 많은 선택권이 생기게 된다. 그리고 더 많은 선택권은 더 높은 협상력으로 이어지고, 이것이 바로 우리의 몸값으로 이어진다.

따라서 우리는 가치를 창출하는 진짜 역량을 갖추는 일에 온 힘을 쏟아야 하고 이러한 실력은 반드시 시장과 고객으로부터 인정받아야 한다. 이것이 분명한 가치의 비밀이다.

가치의 길목

앞서 살펴본 대로, 실력을 키우며 시장과 고객에게 가치를 제공하는 것이 자신의 몸값을 올리는 길이다. 그런데 여기에는 한 가지 논의되지 않은 측면이 있다. 바로 '정도의 차이'다. 어떤 시장에서 어느 정도의 가치를 만드느냐에 따라 실제 만들 수 있는 가치의 절대적인 크기가 다를 수 있다는 것이다.

LTM을 달성하는 관점에서 보면, 당연히 더 짧은 시간 내에 더 많은 가치를 만들어내는 것이 더 빨리 LTM으로 다가가는 길이다. 그렇다면 그 길이 무엇인지 찾는 것 또한, '실력'과 '가치'를 논의할 때 빠뜨려서는 안 되는 또 다른 핵심일 것이다.

실제로 시장에서는 한 명의 사람이 각기 다른 고객의 프로필로 존재한다. 기업이 제공하는 각각의 제품과 서비스가 서로 다른 특징을 가진 고객을 대상으로 하고, 이것이 시장을 세분화하기 때문이다. 그리고 이때 고객의 서로 다른 특징은, 한 사람을 대상으로도 여러 가지 측면으로 구분된다.

예를 들어보자. 이제 막 수능 시험을 마친 19살, 고3 수험생이 있다. 그는 엔터테인먼트와 뷰티 산업의 핵심 고객일 수 있지만 결혼과 혼수 시장에서는 다소 먼 미래의 잠재 고객일 것이다. 또한 대학 시장에서는 당장 잡아야 하는 시급한 고객이지만, 취업 시장에서는 몇 년 뒤의 고객이다.

이처럼 똑같은 한 사람도 각기 다른 시장에서 각기 다른 의미와 중요도를 갖는 복수의 고객 프로필로 존재한다. 이때 우리가 이 고객을 대상으로 당장 최대의 가치를 만들어내야 한다면 당연히 이 고객에게는 엔터테인먼트나 뷰티, 혹은 대학 입시와 관련된 제품이나 서비스를 제공해야 할 것이다.

이를 한 개인 차원이 아니라 산업 전체로 넓혀서 생각해보자. 앞서 19살의 고객은 하나의 거대한 시장 전체, 혹은 국가이고, 그가 이제 막 수능 시험을 마쳤다는 사실은 그 국가의 산업이 현재 어떠한 특정 트렌드의 시기를 지나고 있는 것으로 대입해볼 수 있다. 이 고객을 업계마다 핵심 고객, 시급한 고객, 먼 미래의 잠재 고객, 또는 수년 뒤의 고객으로 보는 것은 국가 차원에서 당장 핵심이 되고 있는 산업 영역, 잘해야만 하는 산업 영역, 앞으로 장기적으로 준비해야 할 영역, 그리고 곧 잘해야 할 영역 정도로 바꿔 생각해볼 수 있다.

이제 위의 고3 수험생 고객의 경우와 같은 질문을 시장 전체에 던져보자. 과연 한 국가와 전체 시장 차원에서 당장 최대의 가치가 창출되는 곳은 어디일까? 그리고 지금은 아니지만 가까운 미래의 다음 산업은 무엇일까? 그보다 조금 더 먼 미래의 핵심 산업은 무엇일까?

이러한 질문을 던지는 이유는 단순하다. 이미 많은 가치가 창출되고 있는 곳에서, 우리가 가치를 만들어낼 가능성 또한 더 크기 때문이다. 여기서 가치를 돈으로 치환하여 생각해보면, 돈은 덜 중요한 곳에서 억지로 만들어내는 것이 아니라, 돈이 모이고 흐르는 길목에 서서 얻어내는 것이라는 의미다. 성대한 잔칫집에 가면 어쨌든 먹을 음식 정도는 뭐라도 있는 법이다. 고3 수험생의 돈이 흐르는 길목인 엔터길과 뷰티길, 그리고 입시길에 서 있으면 뭐라도 그에게 돈을 받고 팔 '거리'가 있다.

이를 회사에 대입해도 마찬가지다. 당연히 기업마다 성장률은 제각기 다르며, 그 이유 역시 각 기업마다 다양할 것이다. 그러나 개별적인 이유뿐 아니라 그 기업이 속한 산업의 영향 또한 무시할 수 없다.

가령 기술이 발전하며 고객의 수요가 사라진 필름 카메라 시장이나 CD, MP3 산업이나, 팬데믹으로 인해 하루아침에 핵심 사업 모델을 운영할 수 없게 되어버린 항공사와 여행업계, 그리고 모바일의 확산과 고객 행태의 변화로 인해 빠른 속도로 온라인에 시장을 빼앗기고 있는 유통 업계나 미디어 업계 등은 그 산업 안에서 아무리 독보적인 실력을 갖춘 기업이라고 할지라도, 또는 그 안에서 일하는 직원이 아무리 뛰어나다고 하더라도 그로부터 만들어낼 수 있는 가치에는 분명한 한계가 있다.

반면 모바일에 친숙한 고객층의 급증으로 가파른 성장세를 기록하고 있는 모바일 게임 업계와 인터넷 업계, 비대면 생활의 증가로 역시나 급성장을 거듭하고 있는 이커머스 업계와 협업 솔루션 시장 등은 그 놀라운 성장률과 함께 시장의 자금을 끌어들여 새로운 투자와 성장을 반복하며, 그 안에 속한 기업과 직원들에게 때때로 큰 규모의 보상을 제공하고 있다.

둘 중 잔칫집은 어디일까? 어느 집으로 가야 뭐라도 우리에게 먹을 것이 떨어지게 될까? 우리나라가 고도의 경제 부흥기를 지나던 시기에는 주로 대기업이 이 잔칫집 역할을 맡아왔다. 상대적으로 높은 연봉과 고용 보장, 그리고 그 환경에서 열심히 노력하면 집을 마련하고 자녀를 교육시킬 수 있는 여력까지, 대기업에 몸을 담을 수 있다면 그렇게 하지 않을 이유가 없었다.

고도 성장기에 대기업은 사업을 하면 돈을 벌 수 있었고, 자본 시장에서 자금을 조달하기 용이했으며, 개척해야 할 분명한 목적지를 가지고 있는 경우가 많았다. 심지어 어떤 경우는 정부가 각 기업의 사업 영역을 구분해주기도 했다. 이러한 시절을 지나온 기업들

중 IMF의 파고까지를 넘어 살아남은 기업들은 높은 실력을 갖추고 거대한 규모의 사업을 안정적으로 추진해가며 한국 경제의 중추 역할을 맡고 있기도 하다. 그들 중 가장 큰 수준의 대기업들의 연매출은 수십조 원에서 수백조 원을 넘나들고 있다. 이러한 대기업에서 일하는 것은 안정성의 상징이자, 자부심의 이유였다.

그러나 더는 상황이 전과 같지 않다. 이미 경쟁은 일개 국가 단위를 넘어서 글로벌 시장으로 확산되었고, 지속적인 성장을 만드는 것은 날이 갈수록 어려워지고 있다. 그동안의 무기가 한방에 무력화되기도 하고, 다양한 차원에서 게임의 규칙 자체가 바뀌어가고 있다.

테슬라의 전기차가 현대차의 경쟁 방식을 바꾸고 있고, 미국을 중심으로 하는 반도체 전쟁이 삼성의 심장부를 겨누고 있다. 메타와 넷플릭스는 미디어 시장을 송두리째 바꾸고 있고, 지상파 방송의 과거 절대 권력은 안으로도 밖으로도 크게 흔들리고 있다. 그 결과 잔칫집에 있던 음식은 줄어들고, 남은 식재료는 빈곤기를 대비해 절약되고 비축되고 있다. 비록 어제 성대한 잔치가 열렸던 곳이지만 오늘도 잔치가 열릴지는 점차 알기 어려워져간다.

따라서 어제의 잔칫집에 집착하기보다는 오늘 새롭게 열리는 잔칫집이 어딘지 찾으려는 노력이 필요하다. 또 한 가지 중요한 사실은, 무조건 크고 성대한 잔칫집을 찾는 것보다는 자신이 먹을 수 있는 만큼의 잔칫집을 찾는 것도 충분히 의미가 있다는 점이다.

연간 수십조 원, 혹은 그 이상의 매출을 올리는 대기업 직원들에게 몇억 원 정도의 숫자는 지극히 작게 느껴질 수도 있다. 그러나 이 몇억 원이 개인의 연봉이라고 생각한다면 어떨까? 그럼 이야기가 크게 달라진다. 한 개인의 입장에서는 연간 수입이 일이천만 원만 늘어나도 그 삶이 훨씬 풍요로워진다. 하물며 그 이상은 말할 것도 없다.

따라서 우리는 회사가 수천억 원, 수조 원을 벌어들이는 이야기를 나누는 일을 멈추고 내가 일이천만 원, 일이억을 더 벌 수 있는 방법을 찾아야 한다. 바다에 있는 큰 고래만 바라보고 사느라 실제 강에 있는 송사리들을 놓쳐서는 안 될 일이다. 송사리만 잘 잡아도 충분히 배부르게 먹을 수 있기 때문이다.

때때로 '바다병'에 걸린 일부 대기업 직장인들은 회사의 수백억 원에서 수십조 원에 이르는 프로젝트나 매출을 입에 달고 사는 동안 어느새 그 돈이 마치 자신과 어떤 식으로든 연결된 것 같은 착각을 하게 되고, 정작 자신에게 더 큰 도움이 될 수천만 원에서 수억 원에 이르는 프로젝트를 놓치곤 한다. 이들은 바다만 바라보느라 강에도 물고기가 많이 살고 있고, 강에 사는 물고기만 잡아먹어도 배부를 수 있다는 점을 때때로 잊는다. 회사가 부자인 것을 자신이 부자인 양 오해하고, 회사 총수의 재계 순위가 마치 자신의 순위인 양 착각을 한다.

문제는 이러한 오해와 착각이 길어질수록, 정작 자신의 부를 일굴 기회들을 놓치게 된다는 점이다.

따라서 우리는 꾸준한 연구를 통해 시장의 흐름을 읽고, 그 안에서 벌어지는 일의 법칙에서 통찰을 얻은 뒤, 여기에서 더 나은 가치를 만들 방법을 찾아 실행해야 한다. 가치가 흐르는 길목에 서서 그로부터 더 빠르게 더 많은 가치를 만들어내는 것이 우리에게 더 높은 독립과 자유를 허락할 것이다.

가치 생산의 도구

마지막으로 우리가 더 많은 가치를 만들어낼 수 있도록 돕는 도구들에 대해 생각해보자. 앞서 '자본주의' 사회의 본질에 대해 이야기하면서 자본이 돈을 버는 속도가 노동이 돈을 버는 속도보다 빠르다는 생각을 전한 바 있다. 그리고 현대 기업 사회에서도 자본가와 노동자는 구분된다. 이 말은 즉, 노동자가 자본가를 따라가기는 여전히 쉽지 않다는 의미다.

그러나 이러한 근본적인 차이에도 불구하고 자본을 가지지 않은 이들이 자본을 가진 이들을 따라잡을 수 있도록 돕는 결정적인 도구가 있다. 바로 '시간Time'과 '지능Intelligence'이다. 시간은 누구에게나 공평하게 주어지며, 지능은 우리에게 세상을 이해할 수 있는 힘과 문제를 해결할 수 있는 가능성을 열어준다.

그렇다면 먼저, '지능'이란 무엇일까? 지능의 사전적 의미는 '문제해결 및 인지적 반응을 나타내는 개체의 총체적 능력'이고 학자에 따라 '추상적 사상을 다루는 능력'으로, 혹은 '합리적으로 사고하고 환경을 효과적으로 다루는 종합적 능력'으로 정의된다. 즉, 지능은 우리가 세상을 살아가면서 마주하는 문제를 인식하고, 그 문제를 풀어내는 능력이다. 당연히 지능이 높으면 문제를 더 빨리 발견할 수 있고, 더 잘 해결할 수 있으며, 그 과정에서 비즈니스의 기회와 성과를 만들어낼 여지가 많다.

이때, 지능이 중요한 이유는, 지능은 자본의 유무와 아주 직접적으로 연결되거나 자본을 필수 조건으로 요하지 않기 때문이다. 즉, 당신이 자본가인지 노동자인지 여부가 지능을 결정짓는 핵심 요소가 아니고, 자본을 투입하는 양과 지능이 올라가는 수준이 반드시 정비례하는 것도 아니다.

물론 비싼 학원에 다니고 비싼 교육을 받으면 더 좋은 대학에 들어갈 수 있고 그곳에서 배우는 것들이 지능에 긍정적인 영향을 준다고 할 수도 있겠지만 그것이 절대적이거나 유일한 길은 아니기 때문에 여전히 지능과 자본의 투입이 분명한 비례 관계라고 볼 수는 없다.

따라서, 지능을 어떻게 키워가고 활용할지는 우리가 필요한 돈을 만들기 위해 게임의 규칙을 뒤집는 데에 있어서 매우 중요한 요소다. 그렇기 때문에 우리는 지능 계발에 힘을 쏟고, 문제 해결 역량을 키워나가야 한다.

디지털 시대의 대두로 인해 전 세계적으로 침체되어가고 있는 서점 산업에서 거의 유일하게 성장 기조를 이어가고 있는 일본의 종합문화서점 체인 '츠타야TSUTAYA'를 운영하는 'CCCCulture Convenience Club'의 사장 마스다 무네아키는 저서 『지적자본론』에서 이에 대한 명확한 인식을 보여주고 있다.

> "내가 사장이고 그들이 사원이라고 해서, 나는 자본가이고 그들은 노동자라고 생각해서는 안 된다. 우리의 관계는 결코 그런 도식으로 표현될 수 없다. 그들이야말로 확실한 '지적자본'을 보유하고 있는 자본가이기 때문이다. 그런 의미에서도 그들과 나는 직렬 관계가 아니라 병렬로 놓인 관계다."

지능을 통해 자본을 갖지 않은 이들도 자본가와 동등한 수준에 오를 수 있다는 인식을 자수성가한 자본가가 먼저 보여준 것이다. 여기서 한발 더 나아가면 4차산업혁명 시대에는 그야말로 지능이 자본을 만드는 핵심 요소가 되었다는 점을 강조할 수 있다.

수많은 모바일 관련 기업과 그 직원들이 큰돈을 움직이고, 데이터를 다룰 줄 알고 해석할 줄 아는 이들과 이를 제품과 서비스에 녹여낼 줄 아는 이들이 높은 몸값을 자랑하는 현상은 이를 뒷받침한다. 실리콘밸리의 개발자와 제품 담당자들이 수억 원의 몸값을 뽐내고, 국내에서도 이미 개발자 전성시대가 오고 데이터 사이언티스트 품귀 시대가 오며 그들의 몸값이 급격히 올라가고 있는 것은 바로 지능이 자본을 따라잡을 높은 효율을 가진 장치로 작동하고 있음을 보여주는 대표적인 사례들이다.

따라서 우리는 지능을 키우는 데에 더 절박해져야 한다. 지능은 자본이 없는 이들이 더욱 빨리 성장하고 성공할 수 있도록 돕는 매우 중요한 도구이기 때문이다. 지능을 키울 수 있는 일에 시간을 쏟고, 그 일을 도울 수 있는 이들에게 매너를 갖추고 적극적으로 배우며, 일을 통해서도 지속적으로 지능을 높여갈 수 있도록 가설과 실험, 결과와 의미 도출, 그리고 새로운 실험의 구조를 면밀하게 수립하고 지켜나가야 한다.

다음으로 '시간'은 하루를 기준으로 볼 때, 물리적으로 누구에게나 동등하게 주어진 무기다. 동시에, 누구에게나 주어져 있기 때문에 이를 진정한 무기로 만드는 것은 각자에게 달린 숙제다. 그런데 여기에는 사실 조금의 불공평이 담겨 있다. 애초에 돈이 많은 사람은 시간을 더 여유 있게 쓸 여지가 높다는 사실이다.

가령 집안일을 해주는 도우미를 둔 이들은 빨래와 설거지와 세탁에 시간을 쓰지 않아도 된다. 그러나 그렇지 않은 사람에게도 방법이 있다는 점에서 다시 시간은 공평해진다. 남과 똑같은 가치를 만들어내는 데에 남들보다 몇 배 더 빠르게 움직이고, 이렇게 생긴 시간에 또 다른 일을 함으로써 만들어지는 가치의 양을 늘릴 수 있다. 이것이 바로 민첩성^{Agility}이다.

주어진 시간에 최대한 민첩해야 하는 이유는 두 가지다. 먼저 시장에는 언제나 경쟁이 있고, 누가 먼저 고객을 잡았는지가 주는 선점 효과가 존재하기 때문이다. 남들보다 한발 늦었을 때에도 방법이 있긴 하지만 먼저 시작한 이들을 뒤늦게 따라잡으려 할 때에는 훨씬 더 큰 자원이 필요하다.

민첩성이 중요한 두 번째 이유는 바로 더 이상 한 번에 완벽하게 출시되는 서비스는 없기 때문이다. 디지털의 시대에 모바일과 웹을 중심으로 하는 대부분의 서비스는 출시 이후에도 지속적인 업데이트를 통해 시장과 고객의 요구를 반영하며 더 나은 길을 찾아간다. 이러한 흐름이 전통적인 제조업에까지 영향을 미치기 시작하여 이제는 자동차를 사고 나서도 소프트웨어를 업데이트 받고, TV를 사고 나서도 새로운 기능을 지속적으로 추가하는 시대가 되었다.

이는 직장인의 입장에서도 주목해야 할 변화다. 어떻게 다른 이들과의 경쟁에서 더 빠르게 실력을 갖추고 가치를 만들어갈지, 그리고 우리가 만들어내는 가치가 얼마나 빠르게, 그리고 얼마나 자주 시장과 고객과의 소통을 통해 점검되고, 보완되고, 개선되어갈지는, 우리가 주어진 똑같은 시간에 어떻게 더 큰 가치를 만들어낼지와 연결되는 이야기다.

그리고 이렇게 할 때 우리는 비로소 더 큰 가치를 만들어내며 삶에 필요한 것들을 물질적 차원에서 더 빠르게 만들어나갈 수 있게 된다. 이것이 바로 우리가 시간을 논할 때 효율의 개념뿐 아니라 '속도'의 개념도 가져야 하는 이유다. 즉, 속도는 가치와 직결된다.

이것이 바로 자본주의 사회에서 자본을 갖지 않은 이들이 제약을 돌파하고 가치를 생산해 낼 수 있는 두 가지 무기, Agility와 Intelligence다. 이 둘을 적극적으로 계발하고 키워서 일에서 만들어내는 가치의 양을 늘리고, 이를 통해 고객과의 교환의 양을 늘려서 회사의 이익을 높이고, 그 바탕에서 자신의 몸값을 키워나가는 것이 LTM의 달성을 돕는 일이며 종국에는 우리의 독자적인 직장생활을 돕는 무기가 된다.

3H
T

직장생활을

방해하는

6가지 함정

은밀한 방해자

　　지금까지 우리가 직장생활을 하며 정신적인 면에서 우리를 돕고 물질적인 면에서 실질적인 독자성을 가능하게 해줄 요소에 대해 살펴봤다. 그 각각을 숙고하여 스스로에게 맞는 방식으로 실천해간다면 이는 분명 우리의 직장생활을 훨씬 독립적이고 자유롭게 만들어줄 것이며 이런 과정을 통해 자신의 삶을 더 잘 만들어갈 수 있게 될 것이다.

　　여기에 더하여, 우리의 독자적인 직장생활을 방해하는 요소들에 대해서도 충분히 인지하고 이를 예방하거나 개선해갈 수 있다면 이 역시 우리가 더 나은 삶을 준비해갈 수 있도록 도울 것이다. 언제나 좋은 것을 취하는 일과 동시에 고려해야 할 요소가 바로 좋지 않을 것을 피하는 것이기 때문이다. 그렇다면 과연 무엇이 우리의 독자적인 직장생활을 방해하고 있을까? 과연 무엇이 우리가 회사에 종속 되도록 만들고, 회사를 떠나지 못하게 만들고 있을까?

이 질문에 대한 답을 찾을 때 특히 유의해야 할 점은 그 어떤 요소들도 무조건적으로 부정적인 영향만 주지는 않는다는 점이다. 그 중 많은 것들이 다른 측면에서는 우리가 직장생활을 훌륭히 수행해갈 수 있도록 돕는 역할을 하고 있을 수도 있다. 그렇기 때문에 이러한 요소들은 구별하기 어려울뿐더러, 구별한다고 해도 그 전체를 문제 요소로 받아들여서는 안 되는 주의를 기울여야 한다.

따라서 각각의 요소를 각자의 상황에 맞게 심사숙고하며 문제로 인식해야 할 상황과 개선해야 할 방향을 최대한 구체적인 단계까지 내려가서 파악하고, 최대한 실질적인 개선의 방향과 목표를 가지고 다루어야 한다.

이제 그 각각의 요소들을 살펴보자. 아래 여섯 가지 요소는 어떤 면에서는 우리의 직장생활을 돕고 있을 수도 있지만, 우리를 독립적이고 자유로운 수준으로 이끌어주는지를 기준에 두고 살펴본다면 의외로 방해가 되고 있는 요소들이기도 하다. 이들은 은밀하게 우리를 돕고, 더 은밀하게 우리를 방해하고 있는 것들일지도 모른다.

- 우수사원의 진실
- 계산되지 않은 충성

- 교육의 꿈
- 커리어의 함정
- 안전지대의 딜레마
- 문화 혼선

뒤에서 각각 자세히 살펴보겠지만, 우리가 회사 안에서 쌓는 역량과 그로 인한 인정은 좋은 일을 맡거나 승진을 하는 데에 분명히 도움을 줄 수도 있다. 또한 조직에 대한 절대적이고 맹목적인 충성은 때로는 우리를 돋보이게 만들기도 한다. 뿐만 아니라 회사를 들어가기까지 받은 교육은 직장생활 전반을 받쳐주는 큰 힘이 되어 줄 수도 있고, 잘 만들어가고 있는 커리어는 이직 시장에서 우리를 더욱 빛나게 만들어주기도 한다. 또한 우리가 쌓아온 경력과 구축해온 터전이 큰 안정감을 주고 고유의 영역을 만들어 줄 수도 있다. 그리고 좋아하는 어떤 문화에 동화되는 것만으로 우리가 트렌디하고 발전을 멈추지 않는 사람이라는 인상을 줄 수도 있다.

위의 여섯 가지 요소는 이처럼 우리의 직장생활을 그 어느 요인들보다 더 잘 도와주고 있기도 하다. 그러나 여전히 이를 '독자적인' 직장생활이라는 기준에서 봐야 하는 이유는, 결국 우리의 직장생활이 남에게 그럴듯하게 보이는 데에 집중되어서는 안 되며, 우리의 일생의 삶의 질과 양을 늘리는 데에 가장 잘 활용되어야 하기 때문이다.

이러한 관점에서 봤을 때 위의 요소들 각각은 자칫하면 우리가 회사에 더욱 종속적으로 되어가도록 만들 수 있기 때문에 위험하며, 그렇기 때문에 이를 제대로 이해하여 각자의 독자성을 높이는 데에 적절히 활용해야 한다. 그럼 지금부터 그 각각을 살펴보자.

우수 사원의 진실

당신이 대기업에 입사를 했다고 가정해보자. 아마 수 주일에서 한두 달간 많은 수의 동기들과 모여 신입사원 교육을 받을 것이고, 교육을 통해 기업의 역사와 비전, 가치와 문화, 그리고 사업과 전략 등에 대해 달달 외울 수 있는 수준으로 듣고 공부할 것이다.

연수를 마치고 각자 특정한 팀에 배치될 것이고 그곳에서 신입사원으로서 팀에 활력과 에너지를 불어넣어주기를 기대받으며, 선배들에게 가르침을 받고 동시에 선배들을 도울 수 있는 일이라면 분야를 막론하고 돕기 시작할 것이다.

여기에는 자료 조사, 보고서 작성과 수정부터 회식 장소 예약, 경비 처리, 워크숍 기획 등 다양한 것이 다 포함될 것이다. 그렇게 2~3년을 보내다 보면 주로 눈치 빠르고 일이 빠릿빠릿한 동기들이 점점 선배들의 눈에 들기 시작하고 조금씩 소문이 나며 다른 팀에서 데리고 가려는 움직임이 생겨날 것이다.

그중 괜찮아 보이는 팀으로 가서 새로운 일도 하면서 점차 역할도 키워나가게 될 것이다. 이후 5~6년 차 정도가 되면 후배 한두 명을 두고 몇 개의 프로젝트도 이끌게 될 테고, 10년 즈음이 지나면 중간급 직원이 되어 조직에서 좀 더 중요한 역할을 맡게 될 것이다. 그러는 와중에 어쩌면 몇 번은 '우수 사원' 포상도 받을지도 모른다.

반면 당신이 스타트업에 입사를 했다고 가정해보자. 입사한 지 1주일밖에 되지 않았는데도 분명한 역할을 갖고 기여해주기를 바라는 주위의 시선이 느껴지는데, 정작 어떤 일을 어떻게 해야 하는지 차근차근 가르쳐주는 사람은 없다. 주위에 사람이 많지도 않은 데다가 다들 너무 바빠 보여서 누구에게 어떻게 물어야 할지도 판단이 서지 않는다. 동료들의 나이가 몇 살인지, 직급이 뭔지, 그리고 이 사람과 저 사람의 상하 관계는 어떻게 되는지, 누가 더 오래 있었고 누가 최근에 들어온 것인지 도통 감을 잡기가 어렵다.

어쨌든 어떻게든 버티고 버티며 2~3년을 보내고 나니 처음 입사했을 때 있었던 사람들 중 남아 있는 사람은 적고 어느새 당신 이후에 입사한 사람들도 제법 많다. 재밌는 사실은 그들 역시도 당신이 대체 몇 년 차 직원인지, 이 회사에서 어느 정도 경력이 있는 사람인지 제대로 알지 못하기 때문에, 불분명한 만큼 더욱 서로 존중하는 자세를 취한다는 점이다.

이후 4~5년이 지나니 회사의 성패가 판가름 난다. 당신은 회사의 상장, 매각, 또는 투자 유치의 성공으로 그간의 노력과 고생에 대해 괜찮은 수준의 보상을 받았거나, 회사의 사업 종료로 이미 다른 회사로 이직을 한 후일 가능성이 높다.

위 두 가지 경우 중 우리가 속한 조직이 어느 쪽에 더 가깝든 간에 독자적인 직장생활을 위해 가장 중요한 점은 시장에서 인정받는 가치를 만들어내야 하고, 이것을 우리의 실력으로 삼아야 한다는 점이다.

앞서 2부의 '고객' 편에서 언급한 것처럼, 우리는 시장의 인정을 받는 사람이 되어야 하는데, 시장의 인정이 바로 가치를 연결해주는 매개가 되기 때문이다. 그리고 우리가 만들어내는 가치가 커질수록 직장생활을 통해 우리 삶의 질과 양을 증가시키는 데에 더 유리해지기 때문이다. 사실 이 말은 지극히 단순하고 상식적이며 누구나 쉽게 말할 수 있는 이야기다.

그 어떤 직장인도 '나는 시장에서 가치를 만들어내는 일 따위는 관심 없다'고 말하지 않을 것이다. 그러나 현실적으로 누구나 시장에서 가치를 만들어내고 있는 것은 아니다. 가치를 만들어내는 데에는 많은 변수와 어려움이 따르고, 이를 넘어설 때만 가치를 창출할 수 있기 때문이다.

그런데 시장에서 가치를 만들어내지 못하는 사람은 결국 회사와의 관계가 소원해지게 되는 시점에 대안으로 꺼낼 수 있는 카드가 적고, 갈수록 종속적인 직장생활을 하게 되어갈 가능성이 높다. 당연히 직장생활을 통해 스스로의 삶의 질과 양을 늘리는 것도 쉽지 않게 된다. 그렇기 때문에 우리가 지금 몸담고 있는 회사 안에서 시장 중심의 역량을 키우는 일을 하고 있는지, 그게 아니면 그저 '그 회사' 안에서만 통할 역량을 쌓는 데에 너무 많은 시간을 쓰고 있는 것은 아닌지 냉정하게 판단해야 한다.

이때 이런 점들을 판단하기 더 어려운 조직은 어디일까? 앞서 살펴본 대기업과 스타트업의 케이스를 비교해보면 당연히 대기업에 다니는 직장인들일수록 이 부분에 각별한 주의를 기울여야 한다.

많은 경우 스타트업은 아직 확보되지 않은 생존을 위해 분투하고 있고, 대체로 인원도 부족하다. 전문가보다는 전사들이 부딪히며 하나하나 문제를 해결해가는 경우가 많고, 모든 일은 시장에서의 검증에 집중되어 있는 경우가 많다. 그들에게 투자를 할 투자자들도 그것을 원하고, 생존을 담보해줄 고객들 또한 제공되는 서비스 외에는 그들에게 관심을 줄 이유가 없다. 결국 증명해내지 못하면 죽고 마는 스타트업의 경우에 시장에서의 가치 창출이 그들의 활동 대부분을 차지한다고 봐도 과언이 아닐 것이다.

반면 한때는 역시 스타트업이었을 지금의 대기업들은 이미 확보한 규모와 자원, 경험과 역량을 바탕으로 시장의 곳곳을 장악하고 주도하며 거대한 성을 구축해왔고 확장하고 있다. 이들도 근본적으로는 시장에서 돈을 번다는 차원에서는 분명히 시장을 향해 있고, 시장에서 만드는 가치로 존속하고 발전하고 있다. 다만 그 방대하고 두터운 조직 체계로 인하여 그 안에 몸을 담고 있는 직원들의 시장과의 거리는 꽤나 먼 경우도 많다.

이것이 무엇을 의미할까? 시장과 거리가 멀다는 것은 당신이 하고 있는 일이 지금 '그 회사'에만 필요한 일일 수도 있음을 의미한다. 이는 즉, 당신이 최선을 다해서 열심히 하고 있는 그 일에 다른 회사들은 생각보다 큰 관심이 없을 수도 있다는 뜻이고, 결국 당신의 입장에서 선택지가 줄어들 수도 있음을 암시한다.

뿐만 아니라 대기업이 방대한 조직을 통솔하고 관리하기 위해 곧잘 사용하는 '비전'과 '미션' '가치' 등을 포함하는 '경영 시스템' 유의 장치들은 그 자체로 시장에서의 성과의 중요성을 희석시키는 측면도 내포하고 있다.

가령 어떤 대기업에서 직원의 연말 성과를 평가하는 데 있어서 시장 내 성과를 50%로 반영하고, 그 기업의 '경영 시스템' 부합 여부 등을 나머지 50%로 반영한다면, 이것은 어떤 의미일까? 평가 방법론의 구성 원칙으로만 보면, 시장 내에서 아무런 성과를 만들어내지 못했다고 해도, 회사의 미션과 가치에 부합하는 행동만 충분히 한다면 적어도 50점은 받을 수 있다는 의미다.

물론 이는 기업의 입장에서 반드시 필요하고 중요한 일이다. 이미 수십 년을 존속해왔고, 수십조 원, 많게는 수백조 원을 다루고 있는 대기업의 입장에서 볼 때 이 거대한 유기체가 잘 돌아가는 것은 매우 중요하다. 만약 그렇지 못하고 조직의 어느 한 부위에 암이 발생하여 전체 조직으로 전이된다면 그만큼 무서운 일도 없을 것이다.

그렇기 때문에 그러한 일을 방지하기 위해 강력한 경영 시스템으로 무장하고, 직원들이 이에 부합하는 방식으로 일을 하도록 독려하여 애초에 암 발생을 방지하는 것은 시장에서 추가적인 가치를 만들어내는 것 못지않게 마땅히 해야 할 매우 중요한 일이다.

그런데 여전히 우리 스스로에게 던져야 하는 질문이 남아 있다. 회사는 스스로의 성장과 발전을 위해 그 정도로까지 주도면밀하게 계획하고 행동하는데 과연 우리 자신은 어떻게 하고 있는지 말이다. 회사가 시장에서 성과를 내지 못한 직원들에게도 다른 차원에서 점수를 주고, 끌어안고 가는 이유를 분명히 안다면, 만에 하나 우리가 그 경우에 해당한다고 할 때 '우리 회사는 안정적인 회사'라고 생각하며 감사하면 될 일이냐는 말이다.

이는 결정적으로 우리를 회사에 종속시키고 만다. 한 회사에 종속된 직원은 시장에서의 가능성을 빠르게 잃어간다. 그런데도 여전히 회사 안에서 '눈치 빠르고' '일 잘하고' '잘 돕는다'는 평을 듣고 있다면 이는 우리의 독자적인 직장생활을 무너뜨리는 가장 강력한 방해자 중 하나가 될 수도 있다. 매우 은밀하게 다가오지만 어느 순간 우리가 독자적으로 설 힘 자체를 빼앗아가버릴 위험이다.

따라서 이를 반드시 점검하고 만약 개선이 필요한 상황이라면 단호하게 결단해야 한다. 그제야 비로소 우리는 독자적인 직장생활의 경로를 이탈하지 않고 계속 나아갈 수 있을 것이다.

계산되지 않은 충성

우리가 직장생활을 하며 주로 경영자나 인사부서, 혹은 조직장으로부터 자주 듣게 되는 이야기 중 하나가 바로 '오너십'과 '애사심'이다. 자신이 속한 조직에 대해 애정을 갖고, 자신이 하는 일에 대해 주인 의식을 갖는다는 개념은 그 자체로는 바람직한 측면이 많고 우리에게 도움이 되는 면도 많은 것처럼 들린다. 좋아하는 회사에서 주도적으로 하고 싶은 일을 해야 우리가 보내는 시간도 더욱 즐겁고 의미 있을 뿐 아니라, 그 결과도 더 나아질 수 있기 때문이다. 그리고 더 나은 결과가 우리에게 더 큰 성장과 더 높은 보상으로 이어질 수 있다.

그러나 '오너십'도, '애사심'도 그 긍정적인 측면을 개념적인 선에서만 동의하고 노력을 기울여서는 독자적인 직장생활로 나아갈 본질적인 힘을 얻기가 어렵다. 즉, 그것들이 구체적인 수준의 '성장'과 '보상'으로 이어져야만 비로소 우리가 일을 통해 삶의 질과 양을 높여가는 데에 필요한 힘을 얻을 수 있게 된다. 그리고 여기에는 매우 분명하고 구체적인 구조가 필요하다.

가령 직원들에게 오너십을 강조하기 위해 진짜 오너가 되도록 지분의 일부를 나눠주거나 스톡옵션의 형태로 제공할 수 있다. 이미 많은 기업들이 현금성 보너스를 성과와 연동하여 지급하는 보상 체계를 운영하고 있지만 이는 '오너십'의 관점에 분명하게 부합하는 구조는 아니다. 현금 보너스는 회사가 절대적인 액수를 정해서 주고 직원은 주는 대로 받는 노동 관점의 보상이지만, 지분이나 스톡옵션은 회사가 성장하면 그 규모도 함께 커지는 자본 관점의 보상이기 때문이다.

그리고 자본주의 사회의 어느 기업에서나 자본을 가진 이들이 진짜 '오너십'을 가진다. 그렇지 않고 성과에 대해 아무것도 나누지 않는 회사가 직원들에게 '오너십'을 이야기하고, 당신이 그것에 전적으로 순응하고 헌신한다면 이것은 서로 진실이 아닌 이야기들을 주고받으며 정작 중요한 성장과 보상의 가능성을 덮어버리고 마는 셈이 된다. 그리고 자연스레 독자적인 직장생활을 해나갈 힘은 약해진다.

여기서 한 가지 어려운 점은 바로 회사 입장에서도 어떤 직원에게 진짜 '오너십'을 부여해야 할지 판단이 필요하다는 데에 있다.

즉, 그 어떤 회사도 모든 직원에게 똑같이 오너십을 줄 리는 만무하며 그렇게 해야 할 하등의 이유도 없다.

따라서 우리의 독자적인 삶을 돕는 직장생활의 자세 하나는 바로 회사가 직원들에게 오너십을 부여하는지를 판단하고, 만약 그렇다고 할 때 어떤 직원들에게 오너십을 나누는지를 이해하여 여기에 맞는 모습을 갖추어나가는 것이다.

물론 각 회사와 그 상황에 따라 어떤 경우에는 이직을 하는 순간에 이러한 오너십과 연결된 보상을 약속받게 되고 또 어떤 경우에는 이미 소속된 회사에서 일을 하며 그 성과에 따라 보상을 받게 된다. 그중 어느 경우가 되었든 회사가 직원에게 기대하는 성과의 시점과 보상의 지급 시기에 차이가 있을 뿐, 성과가 이 모든 논의를 이끄는 핵심 축이라는 점에서는 차이가 없다.

따라서 우리가 해야 할 일은 이러한 유의 보상이 공유되는 방식과 시점을 파악하고, 그 후 성과를 만드는 일에 집중하는 것이다. 그리고 이러한 과정에 필요한 업무 실력을 키우는 데에 노력을 기울이는 것이다.

가령 성과급을 많이 주는 구조를 갖춘 회사가 어디이며, 그들이 어떤 사람에게 많은 성과급을 지급하는지를 파악한 다음에, 해당 회사에 들어가 기준에 맞게 행동해 높은 성과급을 받아간다고 생각해보자. 이는 할 수만 있다면 그렇게 하지 않을 이유가 없는 상식적인 행동이다. 이처럼 어느 회사가 지분을 공유하는지를 알고,

그 회사가 어떤 사람들의 어떤 성과에 대해 주식이나 스톡옵션을 제공하는지를 파악하여 여기에 맞는 성과를 통해 추가적인 수익의 가능성을 늘려가는 것 또한 직장생활을 통해 삶의 질과 양을 높여나가는 합리적인 접근 방법이다.

그리고 이러한 계산이 정리가 되었을 때, 우리의 독자적인 삶을 도와줄 회사와 일에 충성을 다하는 것이야말로 진정 우리에게 필요한 충성심의 모습이다. 이러한 계산이 정리되지 않은 채로, 그저 회사가 안배하는 일방향적인 비전 제시와 미션 교육, 성장에 대한 독려를 무조건적으로 받아들이고 충성스럽게 그 제시된 길을 따라가는 것은, 결과적으로 우리가 회사와 결혼을 할 때 이미 주머니 한편에 이혼 서류를 품은 채로 있다는 사실을 모르고 있거나, 잊은 것과 다름없다.

회사와 일하기로 약속한 기간 안에 앞으로 남은 삶을 최대한 준비해두고자 한다면, 우리는 회사에 쏟는 충성과 노력 그리고 애정이 반드시 가치로 만들어지고 보상으로 연결되는 구조를 만들어야 한다.

이러한 계산에 분명해질 수 있는 가장 쉽고 빠른 방법은 바로 우리 마음 속 충성심의 진정한 대상을 회사가 아니라 자기 자신에게 두는 것이다. 즉, 나의 삶에 충성을 다하기 때문에 그 삶을 위해 필요한 것들을 차근차근 생각하고 만들어 가는 것이다. 그리고 현실적인 차원에서 이를 가능하게 도와줄 회사에서의 일에 마음과 열정을 다하여 기여하고 삶에 필요한 것들을 쌓아가는 것이다. 바로 이것이 제대로 계산된 충성심의 모습이며, 이럴 때 비로소 회사 안에서의 충성심이 우리 삶의 질과 양의 향상으로 이어질 것이다.

교육의 꿈

"그들의 교육에는 네 가지 목적이 있었다. 첫째, 졸업생들이 발달된 산업 경제가 요구하는 수준의 언어, 수리 능력을 갖추도록 할 것, 둘째, 고도로 관료화된 경제 조직에서 적절한 태도와 행동을 취할 수 있도록 아이들을 키울 것, 셋째, 나라의 정계와 재계의 엘리트가 될 가능성이 있는 남자아이들을 미리 선별할 수 있도록 평가하는 역할을 할 것, 마지막으로 이들이 나중에 높은 자리에 올라가서 서로의 조직들을 긴밀하게 협력하게 할 수 있도록 사회적 인맥의 기반을 만들어줄 것."

"그곳의 조직에서는 어느 정도 이상의 위치에 올라가면 회사의 대외 관계를 관리하고 강화하는 것이 업무의 대부분이 되어버린다. 아무리 유능한 사람이라도 좋은 대학을 졸업하지 않았다면 그곳에서 너무나 중요한 인맥을 만드는 데 크게 불리할 수밖에 없다. 그렇기 때문에 학부 시절에 무엇을 공부했는가는 별로 상관이 없거나 중요하지 않다. …중략… 업무에 필요한 지식은 입사 후 회사에서 책임지고 가르칠 것이었다."

어딘지 익숙하게 들리는 부분이 많지 않은가? 마치 대한민국의 70년대 이후 지금까지의 학교의 모습을 묘사한 것처럼 보이기도 하는 이 글은, 앞서도 소개했던 태가트 머피의 『일본의 굴레』에 나오는 전후 고도 경제 성장기 일본의 교육 제도에 관한 관찰글이다. 위 내용 중 상당 부분이 실제 우리나라에서 오래 이어져온 교육의 모습과 유사하게 보이는 것은 우리 역시 전후, 사회 제도적 기틀의 상당 부분을 해외에서 차용해왔기 때문이다.

그 자체에 대한 구체적인 분석은 차치하고 이 책에서 중요하게 보는 부분은 다음과 같다. 국가 차원에서 어떻게 교육이 만들어지고, 이것이 제도로 구체화되어 실제 학생들에게 어떤 방식으로 제공되며, 이렇게 육성된 인재를 다시 정부와 기업이 수요하며 사회와 국가를 성장시키고 발전시키는 데에 사용하는 큰 틀과 그 흐름이다. 물론 교육을 한 개인의 차원에서 바라보면, 그것이 한 인간을 성장시키고 발전시킨다는 점에서 교육은 우리의 삶에 말할 수 없이 중요한 역할을 차지한다.

그러나 교육을 그 제공 주체와 목적이라는 관점에서 바라보면 보다 다양한 해석이 가능해진다. 과거 우리는 '반공교육'을 강조하는 시기를 보내기도 했고, '세계화'의 기조하에 이와 연관된 것들을 듣고 배우기도 했다. 또한 위험에 빠진 '경제'라는 이름의 소년을 구하면서 '경제를 살립시다'라고 슬로건을 내건 광고를 TV에서 보는 등, 경제를 회복하기 위해 국가가 발 벗고 나섰던 시기도 보냈다. 최근 들어서는 시대의 변화에 따라 4차산업혁명과 관련된 각종 기술 교육과 인문 교육이 곳곳에서 존재감을 키워가고 있다.

이러한 흐름에서 발견할 수 있는 중요한 의미 중 하나는 바로 교육은 고정되어 변치 않는 것이 아니라, 시대와 그 시대를 주도하는 집단과의 끊임없는 상호작용을 통해 변화하고 진화하는 성격을 가지고 있다는 점이다. 또한 자본주의 사회가 고도화되어 갈수록 교육은 기업과 더 깊게 연결되며 일련의 트렌드를 만들고, 여기에 콘텐츠를 입히며, 새로운 표준을 만들어왔다.

이는 국가가 산업 발전을 주도하던 시기에 더욱 두드러지게 나타나는 현상이다. 가령 우리나라의 경우 수출을 국가 산업의 기반으로 키우던 시기에 무역학과, 통번역학과 등이 선망받던 것에서, 대기업 중심의 산업 구조가 안정화되면서 경영학과, 경제학과 등이 주요 인기 학과가 되고, 4차산업혁명이 도래하면서 오랫동안 힘만 들고 그에 비해 얻을 것은 적어 비인기 학과로 치부되던 컴퓨터공학을 비롯한 다양한 이공계 학과들이 중심으로 올라서고 있다.

이것이 바로 '국가가 중시하거나 국가에서 키우는 산업 – 이를 실행하고 실제 돈을 벌어오는 기업의 주요 활동 – 그 기업이 필요로 하는 핵심 기능에 관련한 대학교 학과 – 그러한 학문을 잘 구비하고 교수진을 마련한 대학 중심'의 일련의 맥락을 만들어내어 학창시절부터 우리의 생각과 행동에 큰 영향을 미치기 시작해온 것이다.

이러한 맥락은 교육 제도의 형태에도 지대한 영향을 끼쳐, 아래 머피가 서술한 것처럼, 국가 주도의 산업 성장이 이어지던 일본의 학생들은 동일한 교과과정하에 같은 교실에 앉아서 수업을 듣는 형태로 발전했다.

"그곳의 중고등학교 학생들은 전국적으로 모두 동일한 교과과정에 기초한 교육을 받는다. …중략… 학생들은 한 학년 내내 같은 교실에서 공부한다. 학생들이 아니라 선생님들이 수업 시간에 따라 교실을 옮겨 다니는 방식이다."

이는 보다 더 기업과 시장 중심의 산업 성장이 이어지고 그에 따른 교육 제도의 형태가 구성되어 학생들이 어려서부터 다양한 교과과정과 원하는 수업을 선택해서 듣는 미국의 제도와 비교해 이질감을 주었다.

이러한 관점에서 우리의 학문을 생각해볼 필요가 있다. 가령 가장 널리 수요되는 학문 중 하나인 '경영학'을 들여다보자. 경영학의 주된 세부 과목인 전략, 마케팅, 생산관리, 재무, 회계, 인사 등은 어떠한가? 특정 기능을 배우는 학문이다. 그렇다면 이 기능을 필요로 하는 이들은 누구인가? 바로 기업이다. 그렇다면 기업은 이 기능을 어떻게 활용하는가? 필요한 일을 수행하는 데에 쓴다. 여기까지가 일반적인 이야기고 이후는 개인에 따라 달라진다. 물론 경영학에서도 창업과 관련된 교과목을 제공하기도 하지만 그 정도는 미미하다. 이것이 바로 우리가 교육을 대할 때, 더 직접적으로는 교육을 받을 때 잊지 말아야 할 점이다.

우리의 교육이 진정한 창업가로서의 기업가를 기르기 위한 것에 초점을 맞추고 있는지, 아니면 이미 만들어진 기업에 들어가서 직원으로서 기업이 필요로 하는 일을 잘하도록 학습시키고 훈련시키는 것에 초점을 맞추고 있는지를 분명히 파악할 수 있어야 한다는 뜻이다. 그 의미를 파악할 수 있어야 비로소 교육의 꿈에 일방적으로 따라가며 종속될 것인지, 아니면 그 꿈을 자신의 꿈과 방식에 맞춰 습득하고 활용할 수 있을지를 선택할 수 있는 단계로 나아갈 수 있다.

또한 교육을 통해 스스로 독립적으로 생각하는 힘을 기르기보다 특정한 기능에 대한 학습에 대부분의 초점을 맞춰서도 안 된다. 기능에 뛰어날 뿐 아니라 그 외의 맥락을 읽고 예측을 해내는 이들만이 현재의 환경의 종속을 벗어나 더 독자적인 삶을 만들어갈 수 있기 때문이다.

결국 교육을 통해 우리가 얻어야 하는 핵심은 이미 짜여진 틀에 순응하는 한 인간이 아니라 스스로 우뚝 서서 생각하고, 판단하고, 결정하고, 행동할 수 있는 한 인간이다. 그럴 때 비로소 교육은 국가도, 사회도, 기업도 아닌, 우리 자신의 삶의 질과 양을 늘리는 데에 진정으로 기여할 수 있기 때문이다.

커리어의 함정

한편 우리가 직장생활을 하며 가장 자주 사용하게 되는 단어 중 하나가 바로 '커리어Career'다. 어떤 커리어를 걸어갈지, 커리어를 어떻게 개발해갈지는 직장인들 대부분의 초유의 관심사다. 커리어라는 말 자체는 그 어원 '수레Car'가 지나가며 '그 바퀴가 남긴 것~er' 이라는 뜻에서 이를 일에서는 '특정 분야에서의 경력'이라는 의미로 사용한다. 가령 재무 커리어, 영업 커리어, 개발 커리어 등과 같이 말이다. 커리어는 그 사람이 걸어갈 방향을 제시해주는 동시에 키워나가야 할 역량의 수준에 대해서도 꽤 구체적인 가이드가 되어줄 수 있다는 점에서 직장인들에게는 반드시 필요하고 중요한 개념인 것이 사실이다. 또한 누구에게나 시간은 제한되어 있는 상황에서 집중해야 할 영역을 규명해주어 우리의 성장을 효율적으로

도와주는 장치이기도 하고, 시장에 자신을 드러내는 가장 표면적인 도구가 되기도 한다.

그런데 이 말 자체에도 분명하게 담겨 있지만 거의 언급되지는 않는 또 하나의 사실이 있다. 이렇게 질문해보자.

"당신 회사의 회장님의 커리어는 무엇인가요?"

"재벌 2세 오너의 커리어는 무엇인가요?"

"이 가게 주인장의 커리어는 무엇인가요?"

그렇다. 커리어 역시 결국 수레를 끄는 사람과 그 수레의 바퀴가 만든 자국에 대한 이야기이지, 결코 수십 대의 수레를 거느린 주인(자본가)에 대한 이야기는 아니라는 점이다. 전문경영인이 아닌 창업가, 자본가, 오너, 주인장에게 위와 같은 질문을 던져봐야 딱히 뾰족한 대답을 듣기 어려운 이유도 여기에 있다. 커리어는 누군가에게 더 잘 쓰임받고 활용되도록 해주는 무기이지, 누구를 쓰고 누구를 활용할지를 결정하는 주체들에게 해당하는 장치는 아니다.

즉, 현실적으로 자본가가 아닌 이들은 커리어에 집중하고 커리어를 개발함으로써 자본가들에게 더 중요하게 쓰임을 받는 게 그들이 기대할 수 있는 가장 본질적인 효과이다. 그러나 자본가들에게는 이 말이 덜 중요하다. 그렇기 때문에 노동을 제공하는 이들 역시 이러한 개념을 분명히 인지하고 노력을 이어갈 필요가 있다. 자본가의 세계와 방식을 이해하지 못한 상태에서 이어가는 노력은 결코 그의 삶을 다음 단계로 옮겨주지는 않을 것이기 때문이다.

따라서 커리어에 집중을 하는 시기에도 궁극적인 목표를 커리어에 연연하지 않는 레벨로 나아가는 데에 두는 것이 두 가지 이유에서 더 낫다. 먼저 이러한 목표 의식이 없는 상태에서 하는 커리어의 개발에는 결코 끝이 없을 것이기 때문이다. 어떤 일에 필요한 기술과 역량은 우리가 그것을 습득하는 속도보다 훨씬 더 빠르게 변해가고 추가되고 있다. 두 번째는, 커리어에 중심을 두는 직장생활은 너무 큰 경쟁을 불러일으키기 때문이다. 세상에는 '재무 전문가'도 '영업 전문가'도 지나치게 많다.

그렇다면 지금 당장 달리 생각할 수 있는 요소는 없을까? 있다. 바로 기능이 아닌 가치에 집중하여 직장인으로서의 자신을 정의하는 것이다. 즉, 자신을 '재무 전문가' 또는 '영업 전문가'가 아닌, '문제 해결자' 또는 '가치 창출자'로 만드는 일이다. 문제는 어느 영역에나 존재하고, 가치는 영역을 넘나들며 생동하기 때문이다.

이와 같은 식으로 자신의 길을 정의할 때 얻을 수 있는 이점은, 문제를 인식한 뒤 비로소 그 해결 방법으로 '재무' 기술이 필요하고, '영업' 기술이 필요함을 깨달을 수 있어서 우리가 갖추는 다양한 기능적인 요소를 '수단'으로 활용할 수 있게 된다는 점이다. 직장생활에 필요한 모든 기능적인 역량과, 심지어 '회사' 자체노 우리 삶의 질과 양을 높이기 위한 수단이라는 점을 이해할 때 우리는 더욱 독자적인 직장생활을 해나갈 수 있다.

쿠팡에 합류한 뒤 가장 만족스러웠던 것 중 하나도 바로 이것이었다. 2020년 연말에 타운홀 미팅이 있었는데, 우리 쪽에서는 가장 큰 역할을 맡고 있는 C-level 임원이 행사를 주최했다. 행사 말미에 직원이 질문을 던졌다. 커리어의 방향을 '스페셜리스트'로 가야할지, 아니면 '제너럴리스트'로 잡고 가야할지에 관한 것이었다. 이 흔하디흔한 고민에 대한 임원의 답은 뻔하지 않았다. 그 답은 직원이 독자적으로 성장할 수 있는 방향을 분명히 가리키고 있었다.

"제너럴리스트냐 스페셜리스트냐 하는 식의 구분도 중요하지만, 결국 문제를 해결할 줄 아는 게 가장 중요합니다. 쿠팡에서 그 어느 누구도 본인이 해봤던, 혹은 잘하는 일만 하는 경우는 없습니다. 우리는 매우 빠르게 성장하고 있고, 멈추지 않고 변하고 있기 때문입니다. 그래서 그때그때 우리가 직면한 문제를 풀어내는 것이 가장 중요하며 그것이 바로 본질입니다. 우리 모두는 문제를 푸는 사람들입니다. 문제를 잘 풀어내는 힘을 기르는 게 본질입니다."

안전지대의 딜레마

또 하나 우리의 독자적인 직장생활을 방해하는 요소는 의외로 우리가 가진 역량과 이를 통해 만들어낸 성과, 그리고 그 과정에서 쌓은 전문성이다. 어떻게 역량과 성과와 전문성이 문제가 된다는 말일까? 조금 더 분명히 말하면 역량, 성과, 전문성 자체가 문제가 아니라 이를 통해 구축한 안전지대에 우리가 안주하게 되는 것이 문제다.

역량과 성과, 전문성은 중요하다. 이들은 우리가 시장에서 통하는 가치를 만들도록 돕는 핵심 요소이기 때문이다. 그리고 시장에서 가치를 만들어낼 때 우리의 직장생활도 더욱 독자적이 되어가며 우리의 삶의 질과 양도 더 증가할 수 있다.

만약 회사에서 자신의 차별성을 만들어주는 전문성을 갖추지 못하고, 회사가 요구한 일들을 성과로 증명하지 못하고, 시장에서 통할 수 있는 역량을 쌓고 있지 못하다면 이것이야말로 시급하게 개선해야 할 문제다. 그러나 이러한 문제에서 어느 정도 벗어나 있는 이들에게 그다음으로 중요한 점은 안전지대를 적절히 다루는 일이다.

안전지대에 들어섰다는 것은 직장생활에서 얻을 수 있는 큰 축복 중 하나임은 틀림없다. 치열한 경쟁과 생존의 현장에서 역량과 성과와 전문성을 통해 자신만의 안전지대를 구축하는 데에 성공한 이들에게는 자신의 이름과 존재만으로 사람들의 인정을 받고, 영입 제의를 받고, 혹은 더 큰 보상의 기회를 거머쥘 수 있는 기회가 따른다. 당연히 이는 우리 삶의 질과 양을 증가시킬 수 있도록 돕는다.

그런데 꼭 우리의 안전지대가 한곳으로만 국한될 필요가 있을까? 만약 안전지대와 이를 둘러싼 환경이 한번 생성되고 나서 절대 변치 않는 성격을 띠고 있다면, 한번 구축한 안전지대에 머물며 이를 지키는 것만으로도 충분할 것이다. 그러나 시장은 계속 변하고, 그 안에서 활약하는 참여자도 바뀐다. 따라서 한번 구축된 안전지대 또한 수없이 많은 위협과 끊임없는 변화에 노출되게 마련이다.

그렇기 때문에 안전지대는 시장에서 우리만의 독보적인 영역을 만들어주는 곳인 동시에, 그곳에만 머무른다면 오히려 우리가 그곳에 종속되어 벗어나지 못하게 만드는 장벽이 되기도 된다. 그래서 안전지대가 축복이자 동시에 위협이 되기도 하는 것이다.

이를 기업 세계에 적용해봐도 마찬가지다. 4차산업혁명은 메타버스와 가상 자산의 세계로 돈을 끌어모으고 있고, 페이스북이 전부인 줄 알았던 세상에는 틱톡이 등장했다. 그리고 노키아의 휴대폰 사업은 결과적으로 스마트폰에 대한 잘못된 판단과 기존 사업에 대한 안주 속에서 스스로 몰락했다.

이런 현상은 무엇을 시사할까? 전문성을 통해 얻은 안전지대의 축복을 충분히 누리고 나서는 반드시 그곳에서 벗어나 또 다른 축복을 찾아 떠나야 한다는 것이다. 그렇지 않으면, 안전지대가 대륙에서 분리되어 떨어져나갈 때 대처하기 어려워지고, 안전지대를 공격하는 힘에 고통받게 되고, 또는 그 안에서 몇 가지 작물을 재배하는 것 이외에는 별다른 과실을 만들어내지 못하게 될 수도 있다.

이를 우리의 직장생활에 대입해서 생각해보자. A는 회사에서 맡은 해외 신규 패션 브랜드 런칭 프로젝트를 성공적으로 수행해냈고, 어느새 유통 시장에서 전문가로 떠올랐다. 모든 사람들이 A의 이름을 알기 시작했고 연락이 오는 곳도 많아졌다. 회사에서 직급도 높아졌고 조직에 속한 직원 수도 늘었다. 연봉이 오른 것은 당연한 얘기다.

여기까지는 분명한 축복이다. A는 이 길을 더욱 힘차게 걸어가기로 다짐하고 더 많은 노력을 쏟았다. 그런데 언제부턴가 사람들이 온라인에서 물건을 산다는 이야기가 들리기 시작했다. 쇼핑은 그래도 '오프라인'이라는 생각으로 A는 안전지대를 더욱 강화했다.

매장의 인테리어를 개선했고, 직원들의 고객 응대 매너를 더욱 강화했다. 그러나 하루에 많아야 100명을 받을 수 있던 매장의 규모에 비해 하루 1만 명을 거뜬히 소화할 수 있게 된 온라인으로 고객이 몰려가기 시작했다는 소식이 들려왔다.

매출의 규모가 달라지고 브랜드사들도 점차 A보다 온라인과의 관계에 더 신경을 쓰기 시작한다는 느낌을 지울 수 없게 되었다. 그러다가 팬데믹이라는 통제 불능의 변수가 발생했고, 이것이 하루아침에 해결될 일이 아님이 자명해졌다. 고객들은 점점 더 온라인으로 몰려갔고, 고객의 소비 행태는 크게 변했다.

A는 현재 다니는 회사에서 승진도 하고 많은 축복을 받았지만, 어느새 시장의 판도는 온라인으로 넘어갔다. 그에 따라 A의 회사가 시장에서 창출하는 가치의 양도, 질도 줄어들기 시작했고, 어느새 회사는 어려워지기 시작했다. 이제라도 회사를 온라인 사업 중심으로 재편하려 하지만, 또는 A 스스로 온라인 업계로 옮겨가려 하지만, 막상 온라인에 대해 아는 것은 아무것도 없다. 그리고 이직을 하려고 해도, A의 이전 부하 직원 중 가장 특출났던 B가 이미 수년 앞서 온라인 기업으로 이직을 하여 자리를 잡아, 그가 자신의 상사가 될 수 있다는 사실에 선뜻 마음을 먹기가 어렵다.

이번에는 B의 이야기를 들어보자. B는 시장의 흐름을 읽는 판단력과 빠른 실행력으로 이미 오래전 쇼핑의 축이 오프라인에서 온라인으로 옮겨갈 것을 예상하고 일찌감치 안전지대를 벗어나 새로운 도전을 했다. 그 결과 그가 속한 회사는 온라인 쇼핑의 새로운 강자로 자리 잡았고, 시장의 변화가 더욱 가속화되며 그가 속한 기업과 그의 몸값도 날로 높아져갔다. 그의 회사는 세상에 존재하는 모든 판매자들이 손쉽게 온라인에 물건을 올리고 이를 소비자에게 판매할 수 있게 해주었다. 그야말로 끝을 알 수 없는 성장이 이어질 것처럼 보였다.

그러던 어느 날, B는 컨설팅 회사에 다니던 대학 동기 C가 온라인 업계에서는 작디작은 한 회사로 들어갔다는 소식을 들었다. 그 회사는 작았을뿐더러, 성공 가능성이 거의 없어 보이는 사업 모델을 가지고 있었다. 바로 직접 제품을 산 뒤 직접 물류망을 깔아 배송을 하는 엄청나게 높은 비용 구조의 모델이었다. 이런 이유로 B는 C의 입사 소식에 대해 경쟁심보다는 같은 업계에 들어왔다는 반가움과 동시에 C가 다니는 회사가 망하지 않기를 응원하는 자만심도 가졌다.

실제로 C의 회사는 작았고 모든 일이 너무 높은 비용을 수반했다. 어느 측면에서 봐도 잘될 리가 없어보였다. 그런데 언젠가부터 B에게 이상한 소식이 들리기 시작했다. 친구 C가 다니는 회사에서 한번 구매를 한 고객은 이후로 계속 C의 회사 서비스만 사용한나는 것이었다. 그리고 시간이 더 지나며 B의 회사 고객이 점점 줄기 시작했고, 옆 동네 다른 회사들의 고객도 줄고 있다는 이야기가 들렸다. 그리고 C네 회사의 고객이 폭발적으로 증가하며 매출도 어느새 1위로 올라섰다는 이야기에 B는 충격을 금할 수 없었다.

C는 무엇보다 고객이 최우선이라고 생각했다. 그래서 어떤 업종의 어떤 사업모델이 되었든 고객이 좋아할 일을 하는 회사로 가야겠다고 생각했다. 그래서 대학 졸업 이후 잘 다니던 컨설팅 기업을 박차고 나와 온라인 쇼핑 회사로 이직을 했다. 이미 무수히 큰 온라인 쇼핑 기업이 많았지만 그의 마음을 사로잡은 곳은 작디작은 회사였다. 고객에게 필요한 것이라면 어떤 방법으로든, 얼마나 큰 비용이 들든 해내겠다는 의지가 마음을 울렸기 때문이다.

그는 회사에 들어가 엄청난 역량을 키워가며 고객을 중심에 둔 여러 서비스를 만들어 냈고 이는 시장에서 인정받는 회사의 성과로 이어졌다. 이를 통해 온라인 쇼핑 회사가 직접 제품을 매입하고 최적의 물류 프로세스를 통해 배송하는 일에 관해서는 시장 내 최고 수준의 전문가로 자리매김했다. 그러는 사이 C의 회사는 기업공개에 성공했고, C도 엄청난 부를 거머쥐었다. 돈으로만 놓고 보면 이제 C는 더 이상 일을 하지 않아도 되는 수준에 이르렀고 그의 마음도 어느새 많이 바뀌어갔다. 그는 자신의 능력에 대해 과한 자신감을 갖기 시작했고, 이제 자신이 다른 기업들의 성공을 도와줄 수 있는 마이더스의 손이 되었다고 생각하기 시작했다.

그는 창업 초기 단계에 있는 스타트업들에 투자를 하기 시작했고 어느 정도 성과도 만들어냈다. 그런데 문제는 그가 어느새 잘 모르는 분야에도 투자를 하기 시작하면서 나타났다. 그에게는 시장에서 만들어진 성과와 그에 따른 평판이 있었고, 돈도 있었다. 이 셋이 결합되면서 그는 자신의 능력 이상의 분야에 대해서도 스스로의 역량을 과신하기 시작했다. 관련된 책 한 권을 읽고는 바이오 기업과 반도체 기업에 투자했고, 투자 이후에는 그 기업의 창업가와 경영진에게 많은 조언을 쏟아냈다. 그가 온라인 쇼핑 업계에서 성공한 방정식 그대로 말이다.

그러나 바이오와 반도체 기업의 핵심 역량은 C가 전문성을 갖춘 유통과 물류의 구조와 프로세스가 아닌, 제품 자체에 대한 기술력이었고 안타깝게도 C는 이에 대해 대학 학부생보다도 얕은 수준의 지식만을 갖고 있었다. 그럼에도 C의 투자를 받은 스타트업의 창업가들은 C의 조언을 무시할 수 없어서 따랐고, 결국 C가 투자한 기업들은 별다른 성과를 내지 못하고 사업을 종료했다. 당연히 C는 돈을 잃었다.

이 세 경우 모두 우리가 직장생활에서 수없이 겪게 되는 안전지대의 딜레마다. A는 오프라인 유통업계에서 본인의 역량을 검증받고 성과를 만들었지만, 시장의 판이 오프라인에서 온라인으로 옮겨가며 그의 안전지대는 쇼핑이라는 거대한 대륙에서 떨어져나가버렸다. 분리된 지대가 더는 비옥하지 않고, 추가적인 지진의 위협에도 취약하다는 것을 알아도 다시 대륙으로 돌아갈 길이 없어져 버렸다.

다행히도 B는 여전히 거대한 대륙의 땅에서 새로운 안전지대를 구축하는 데에 성공했지만 야금야금 그의 안전지대를 공격해온 C의 공습을 눈치챘을 때는 이미 너무 늦었다. B는 새로운 안전지대가 충분히 강하고 오래 유지될 것이라고 믿었지만 실제로는 그렇지 않았다.

C는 거대한 대륙에서 이미 만들어진 B의 안전지대를 깨부수며 훨씬 큰 안전지대를 구축하는 데에 성공했다. 그러나 정작 구축한 안전지대를 더 강하게 만들고, 자신에게 이 다음의 안전지대가 되어 줄 땅을 알아보는 대신, 남이 만들고 있는 안전지대를 기웃거리며 그들에게도, 자신에게도 손해를 입히는 행동을 하고 말았다.

우리는 지금 몸담고 있는 산업뿐만 아니라 그 산업을 포함한 전체 시장과 시대가 어떻게 흘러가는지를 지속적으로 지켜보고 연구해야 하며, 언제나 자신보다 뛰어나거나, 지금의 시장을 더 잘 읽는 사람이 나타날 수 있음을 잊지 말아야 한다. 그리고 성장과 성공이 주어졌을 때 그것이 자기 혼자 만들어낸 것이 아님을 알고 언제나 더욱 겸손한 마음가짐으로 다음을 준비하는 일을 소홀히 하지 말아야 한다.

통신사의 시대를 인터넷 업계가 뒤바꾸고 있고, 은행 산업 또한 신흥 기술 기업들이 뒤흔들고 있다. 백화점과 아울렛, 오프라인 매장의 땅은 온라인과 모바일 쇼핑 스타트업들에 의해 이미 심각한 변화를 맞았다.

어떻게 안주하겠으며, 어디가 안주할 곳이겠는가? 그런 곳은 없다. 먼저 일을 통해 안전지대를 만들고, 이를 동력으로 삼아 또 다른 안전지대를 구축하고, 또 다음의, 그다음의 안전지대를 꾸준히 만들어가는 것만이 우리가 직장생활을 독자적으로 해나갈 수 있는 관점이며, 우리 삶의 질과 양을 더욱 증가시킬 수 있는 길이다.

문화 혼선

한 사람의 직장생활과 그가 살아가고 있는 사회의 문화 현상을 완전히 떼어서 생각할 수 없다는 측면에서 문화 현상을 각자의 필요에 맞게 해석하고 받아들이고 활용하는 것은 중요하다. 이러한 고민의 과정 없이 어떤 문화 현상을 그대로 직장생활에 녹여내고 반영하는 것은 그 자체로 우리의 독립성과 자유를 방해하는 결과로 이어질 수도 있다.

하나의 문화 현상은 그 사회의 여러 맥락에서 등장하여 소비되고, 따라서 여기에는 그 사회 참여자들이 공유하는 실질적인 힘이 담겨있다. 그러나 어떤 현상이 단어의 옷을 입고 대중 속에서 확산되며 생명을 얻는 일과, 우리가 회사를 다니며 성과를 내고 보상을 받으며 삶의 질과 양을 늘려가는 일은 서로 다른 성격의 두 가지 일이라는 점에서 우리는 문화 현상을 우리의 직장생활에 어떻게 녹여낼지에 대해 더 많은 관심을 기울여야 한다.

많은 경우 문화는 현재를 해석해주고, 서로 다른 환경에 있는 복수의 집단 중 주로 '다수'의 입장을 담아내고 있다(그렇기 때문에 상대적으로 다수가 아닌 소수의 것을 담아내는 것을 '컬트 문화'라고 별도로 칭하기도 한다). 가령 '꼰대'라는 단어는 그에 해당한다고 정의된 집단을 타자화하여 이를 소비하는 다수의 '비꼰대' 집단에게 소비되고, 'Yolo' 'Flex' '소확행' 등의 단어는 아직 경제적으로 튼튼하지 못한 다수 집단의 현실의, 일시적인, 작은 만족감을 돕는 장치로 작동하고 있다. 만약 경제적으로 안정되고 부유한 집단이 사회의 다수였다면 생명력을 얻기 어려웠을 단어들이다.

또한 문화는 결과적으로 목적하는 바가 불분명하거나 가변적이다. 이는 문화를 표상하는 단어나 개념들이 사전에 어떤 의도를 담아 만들어지는 것이 아니라, 이미 존재하는 현상들에 대한 해석, 또는 '인류가 자연 상태에서 벗어나 일정한 목적 또는 생활 이상을 실현하고자 사회 구성원에 의하여 습득, 공유, 전달되는 행동 양식이나 생활 양식의 과정 및 그 과정에서 이룩해낸 물질적, 정신적 소득을 통틀어 이르는 말'이라는 문화의 사전적 정의에서처럼, 삶의 과정에서 '이미 만들어진 것들의 공유되는 형태'에 가깝기 때문이다.

따라서 우리는 '꼰대'가 꼰대에 해당하는 집단, 또는 그렇지 않은 집단이 특정한 의도를 가지고 인위적으로 만들어낸 말이라거나,

'Yolo' 'Flex' '소확행' 등의 단어가 특정 집단에 대한 구체적인 목적을 가지고 만들어진 단어라고 생각할 필요는 없다(물론 이러한 단어가 생겨난 후 이를 상업적으로 활용하는 기업은 많지만 그 기업들이 이러한 문화를 만들어 낸 주체인 것은 아니다).

반면 직장생활은 이와는 완전히 다르다. 기업은 오늘의 자원을 가지고 내일 어떤 결과를 만들어낼지를 고민하고 실행하는 집단이며, 이때 철저하게 기업의 입장에서 성과를 낼 방법을 찾는다. 즉, 다수 집단이냐 아니냐가 중요한 것이 아니라 '그 기업'이 무엇을 얻고 싶은지가 가장 중요한 실행의 기준이 된다. 그리고 이들의 활동을 '성장'과 '성과'라는 상대적으로 분명한 결과로 판단하고 평가한다. 따라서 직장생활에서 우리가 갖추어야 할 자세와 행동의 맥락은 우리가 개별적인 문화 현상의 차원에 대응하는 방식과는 달라야만 한다.

이토록 분명한 차이에도 불구하고 때로는 이 서로 다른 두 가지 영역에서의 행동 양식이 혼재되어 작동하는 이유는 결국 그 안에 속한 주체는 같은 한 명의 인간이기 때문이다. 그중 어떤 사람은 이 둘을 분명히 다르게 인식하고 다르게 담아내지만 또 어떤 이들은 둘을 잘 구분하지 않고 행동한다.

가령 2020년과 2021년 가장 자주 들었던 단어 중 하나인 'MZ세대(밀레니얼 세대+Z세대)'에 대해 생각해보자. 한국경제신문과 시사상식사전에 따르면 MZ세대의 정의와 특징은 다음과 같다.

1980년대 초~2000년대 초 출생한 밀레니얼 세대와 Z세대를 아우르는 말로, 디지털에 친숙하고 변화에 유연하고 새롭고 이색적인 것을 추구하며, 자신이 좋아하는 것에 쓰는 돈이나 시간을 아끼지 않는 특징이 있다. 집단보다는 개인의 행복을, 소유보다는 공유를, 상품보다는 경험을 중시하는 소비 특징을 보이며, 단순히 물건을 구매하는 데에서 그치지 않고 사회적 가치나 특별한 메시지를 담은 물건을 구매함으로써 자신의 신념을 표현하기도 한다.

비록 이러한 단어가 등장한 이후로 수많은 기업과 책들이 앞다투어 'MZ세대'를 언급하는 바람에 이것이 마치 기업이 만들어낸 단어인 것처럼 생각할 수도 있지만 앞서 구분한 대로 이는 분명히 이미 존재하는 문화 현상들을 해석해 나온 정의다. 그렇기 때문에 혹 당신이 MZ세대에 속한다고 해서 이와 같은 문화적 행동 양식을 직장생활에 바로 적용해서는 곤란하다. 앞서 살펴본 대로, 문화 현상과 직장생활은 그 성격이 매우 다르기 때문이다.

또한 위에서 정의하고 있는 MZ세대의 특징 중 그 어느 것도 구체적으로 몇 명이나 되는 이들이 실제로 공유를 더 좋아하고, 경험을 더 중시하고, 물건에 사회적 가치를 담고 있는지 알 수 있을 만한 정보를 담고 있지 않다. 구체적인 정보를 담지 않고 전반적으로 그런 것처럼 보이게 하여 이를 큰 트렌드로 보이게 하고 있지만, 그중 어느 것도 구체적으로 증명되고 있지는 않다는 점을 간과해서는 안 된다.

그러므로 당신이 MZ세대라고 해서 회사에서 집단보다 개인에 마음껏 집중해도 된다거나, 미래보다 현재에 집중하는 행동 양식으로 일을 해도 문제가 없다거나, 공유와 경험, 또는 사회적 가치를 말할 때 그것들을 통해 얼마를 벌어들일 수 있는지 언급하지 않아도 된다는 근거는 어디에도 없다.

혹여 당신이 문화가 말하는 특성 그대로 행동을 했다가 직장생활에서 문제를 맞닥뜨렸을 때, 'MZ세대는 그게 바로 특징인데 당신 회사가 너무 뭘 모르시는군요'라고 당신을 변호해줄 이는 그 어디에도 없다. 물론 미디어는 더 말할 것도 없다.

그렇다면 문화적 현상과 직장생활 사이에서 우리가 잊지 말아야 할 점은 무엇일까? 먼저 우리 모두는 문화적 특성을 띠고 있지만 동시에 문화적 현상과 직장생활은 그 지향하는 바와 맥락이 본질적으로 다르다는 점을 인지해야 한다. 문화가 '그렇게 이루어져 오고 영향을 받아온 것들'로 이루어져 있다면, 직장생활은 '특별한 의도와 목적을 갖고 본성을 넘어서 노력하고 실험하며 만들어가는 것'에 더 가깝기 때문이다.

그리고 나서, 직장생활의 변치 않는 본질에 주목해야 한다. 변치 않는 본질은 단 한가지다. 바로 가치를 창출하고, 이를 돈으로 치환하고 있는지가 전부다. 여기에는 MZ세대, XY세대, 베이비부머 세대의 구분이 없다. 이러한 본질을 충족시키는 데에 각 세대의 특징적인 부분이 강점으로 활용될 수 있다면 사용하고, 그렇지 않다면 줄이고, 또 다른 세대의 강점에서 배울 점이 있다면 배우면 그만인 것이다.

이는 회사의 입장에서도 마찬가지다. 기업 역시 어떤 문화적 현상이 거대한 흐름이 되었다고 해서 어떻게 여기에 맞출지 고민하는 것을 기업 본연의 가치를 창출하는 일보다 우선시해서는 안 된다. 위의 MZ세대의 경우에서도, MZ세대의 더 많은 인재를 확보하고, 그들이 더 열심히 일하고, 오래 회사에 다니게 만들기 위해 직급 체계를 개편하고, 조직 문화를 바꾸고, 수시로 그들을 만족시킬 만한 다양한 복지와 보상 체계를 마련하는 것은 모두 나름의 의미가 있고 가치 있는 일이지만, 그 모든 일들의 근본에는 '시장에서의 가치 창출'와 '회사가 벌어들이는 돈'의 증가가 작동하고 있어야만 한다. 그렇지 않고 회사도, 직원도 모두 가치 창출과는 먼 곳에서 어떻게 서로에게 잘 보일지만 고민해서는 안 된다. 이는 어느 한쪽의 생존의 질과 양도 늘려주지 못하기 때문이다.

새로운

직장인 되기

연습

시작

지금까지 독자적인 직장생활이 무엇이고 왜 중요하며, 삶의 질과 양을 늘린다는 목적하에 더 독립적이고 자유로운 직장생활을 할 수 있도록 돕는 것들은 무엇인지, 반대로 이를 방해하는 것들은 무엇인지 살펴봤다. 그렇다면 이러한 이해와 고민을 바탕으로 실제 더 독자적으로 회사 생활을 해가기 위해 실천할 수 있는 것들은 무엇일까?

앞서 2부의 마지막 장 '가치 생산의 도구'에서는 자본가와 노동자 모두에게 차별 없이 주어지는 요소인 '시간'과 '지능'에 주목했다. 이 두 가지가 중요한 것은 자본가라고 해서, 또는 노동자라고 해서 서로 상대방보다 절대적으로 더 많은 시간을 가질 수도 없으며, 또한 우리가 가질 수 있는 지능의 수준 또한 자본가인지 노동자인지의 여부와 직결되지 않기 때문이다. 즉, 이 두 가지야말로 '하기 나름'의 요소들이고 이를 실제로 어떻게 할 것인지가 우리의 직장생활을 더욱 독자적으로 만들 수 있는 핵심 변수이다.

따라서 지금 다니고 있는 회사에서 각자가 어떻게 지속적으로 지능을 강화하고 이를 위해 시간을 더 잘 활용할 수 있을지를 고민하는 것이 우리가 독자적 직장생활을 향한 '실천'을 논할 때 가장 먼저 다루어야 할 주제다. 그 답을 찾기 위해 먼저 기업이 일을 운영하는 일반적인 특징을 이해해보자.

현대 기업의 구조는 1913년 등장한 포드 시스템Ford System(헨리 포드가 창업한 포드 자동차 회사의 시스템)에 기반을 두고 있고, 이는 대량 생산을 위한 표준화, 규격화 및 라인 방식에 의한 양산 체제를 골자로 한다. 이후 한 세기를 지나며 다양한 변화가 있었음에도 불구하고 여전히 포드 시스템이 주는 높은 효율성은 많은 기업의 구조와 문화 곳곳에 살아있다.

우리나라 대기업의 경우도 마찬가지다. 대기업의 일은 많은 인력을 기반으로 각자의 역할과 영역이 세분화되어 있고, 그 안에서 각 개인은 전체가 아닌 부분에 한정된 역할을 맡아 일을 수행하도록 설계되어 있다. 역할 간의 교환이나 교류는 그리 많지 않은데, 이는 명확한 분화를 통해 만들어지는 효율이 그 반대의 경우보다 크기 때문이다. 이러한 환경 안에 있는 큰 조직 내에서 각자의 영역은 명확하고, 역할은 구체적으로 나뉘어져 있기 마련이다.

따라서 다른 사람의 일에 관여하거나 그 내용을 공유받는 것은 쉽지 않고, 일에 관련된 종합적인 정보를 얻기도, 전체를 조망하여 논리적인 근원을 찾기도 어렵다. 그리고 맡은 영역을 넘어서는 다른 영역의 변화를 읽기도 쉽지 않다. 그러다 보니 구성원의 입장에서는 정보의 학습도, 직관의 강화도 힘들다.

한마디로 일의 A부터 Z까지를 맡아서 해볼 기회가 상대적으로 적기 때문에 문제의 진짜 이유를 발견하기도, 변화의 흐름을 읽기도, 그리고 근본적인 해결책을 찾기도 어려운 것이다.

예를 들어, 전체를 조망하는 전략을 세우는 부서의 구성원은 정작 실행을 해볼 기회를 얻지 못하고, 사업 부서에서 일을 운영하는 구성원은 회사 전체의 전략과 실행 방안의 수립에는 참여하기 어려운 식이다. 이는 결국 통찰력을 얻는 데 한계로 작용한다. 흔히 대기업들이 채용 시점에는 가장 뛰어나다고 하는 인재들을 뽑아두고, 결국은 그저 그런 구성원으로 만들어버린다는 말이 조금이라도 사실이라면 그 논리적 근거는 바로 이것일 것이다.

그렇다면 과연 대기업에서는 정말로 Intelligence를 키울 기회가 없는 것일까? 답은 '상황에 따라, 사람에 따라 다르다'이다. 정말 다르다. 대기업 안에서도 수시로 다양한 사업부의 정보를 얻고, 일의 맥락을 높은 차원에서 읽고, 뛰어난 지성을 통해 더 나은 결과를 만들어내는 사람은 반드시 있기 마련이다. 누군가 주어진 일에 허덕이며 성실만을 무기 삼아 살아갈 때, 또 다른 누군가는 본질을 꿰뚫어보는 통찰력과 문제를 풀어내는 해결 능력, 그리고 그 전반을 아우르는 빠른 속도로 일을 해결해가며 가치를 만들어내고 있기 때문이다.

그리고 이렇게 해내는 이들에게는 그들만이 보이는 특징과 노력이 있다. 물론 여기에는 분명 많은 요소가 영향을 미치고 있고, 그중 무엇이 분명한 원칙이고, 정답인지를 말하기는 어렵지만, 그렇기 때문에 오히려 그 많은 요소 중 어느 것에 집중하고 우선순위를 두어 실천을 위해 노력하는지가 우리가 직장생활을 더욱 독자적으로 해나갈 수 있도록 돕는 지능과 시간을 허락할지에 영향을 미칠 수 있다.

아래는 그 다양한 요소들 중에서 내가 실제로 10년이 넘는 기간 동안 대한민국 대기업과 해외 기업에서 직장생활을 하며 스스로 겪거나 또는 주위의 실력자들을 통해 느끼고, 배우고, 공유받은 것들을 정리한 것이다. 이들 각각이 중요해지는 맥락과 이를 적용하는 구체적인 방법은 상황에 따라 달라져야 한다. 그러나 이들 하나하나가 우리가 직장생활을 하며 더 높은 수준의 Intelligence를 키워가고, 우리에게 주어진 시간을 훨씬 효과적으로 사용하도록 돕는 장치라는 점은 분명하다. 따라서 그 각각을 살펴보며 이를 각자의 상황에 맞게 어떻게 적용하고, 구체적으로 어떤 실천으로 이어갈지 생각해보는 것은 우리의 독자적인 직장생활을 도울 것이다.

- 조망

- 피드백

- 속도

- 협력

- 전달력

- 네트워크

- 축적

- 학습

　그동안 직장생활을 더 잘하기 위해 다양한 노력을 기울여왔다면 조금 더 분명한, 즉, 삶의 질과 양을 늘린다는 독자적인 목적에 따라 보다 더 체계적인 노력을 해나가기 위한 일에 힘을 쏟고, 아직 충분한 노력을 기울이지 못한 상황이라면 이제부터 시간을 더 효율적으로 사용하며 독자적인 직장생활을 해나가야 할 것이다. 이제 그 각각을 더 자세히 살펴보자.

조망

조망眺望은 말 그대로 '더 높은 곳에서, 더 멀리 내다보는 것' 즉, '전체적으로 바라보는 것'을 뜻한다. 앞서 자본이 생산의 중심이 되는 '자본주의'와 구체적으로 '포드 시스템'에서 이어져온 현대 기업 시스템을 통해 설명한 대로, 현대 자본주의 사회에서의 기업 환경은 사장이나 어느 정도 권한을 가진 임원이 아닌 이상, 직원들이 필요 이상의 전체를 바라보고 함께 고민을 하는 것보다는 소수의 리더들이 정리한 고민과 생각을 다수의 직원들이 각자 할당된 업무만큼을 빠르고 완벽하게 처리해줄 것을 요구하는 방식으로 운영되어 왔다.

이것이 자본이 '지능'을 최대한 효과적으로 활용하는 방식이자 '시간'을 더 효율적으로 사용하는 방식이기 때문이다. 어떤 회사에 있는 모든 직원이 다 같이 같은 문제를 같은 수준에서 고민하고 토의하며, 여기에 같은 시간을 쓰는 것은 전혀 효율적이지도, 효과적이지도 않다.

그러나 여기서 우리가 던져야 할 중요한 질문이 한 가지 있다. 그러한 효율과 효과의 결과는 누구에게 얼마나 돌아갈까? 회사가 직원들에게 원하는 방식과 수준으로만 열심히 하면 일생이 잘 준비되는 것일까? 결론적으로 그렇지 않다는 게 이 책의 전체를 관통하는 생각이다. 보상은 일반적으로 더 많이 고민하고, 구체적이고 단편적인 실행보다는 전체를 조망하고 계획하고 구성한 이들에게 더 많이 돌아간다.

대부분의 대기업에서 임원에게 돌아갈 보너스 예산과 일반 직원에게 돌아갈 보너스 예산 자체가 분리되어 있는 것이 대표적인 예이다. 이것이 옳은지 그른지를 논의하는 것은 이 글의 주제와 전혀 관련이 없다. 그렇게 구성된 데에는 나름의 이유와 맥락이 있기 때문이다. 우리의 초점은 이러한 환경에서 어떻게 삶의 질과 양을 높일 것인가에 있다.

만약 당신이 속한 회사의 조직장과 임원이 당신에게 일의 앞뒤 맥락과 오너와 사장의 생각에 대해서는 공유하지 않은 채, 또는 알 것을 요구하지 않은 채, 무조건적으로 맡은 부분만 잘 수행할 것을 강조한다면 이는 경주를 위해 말의 옆 시야를 차단하고 달리게 하는 것과 전혀 다를 바 없는 일이다. 재밌는 건 경주마가 최상의 성과를 내도록 하는 데 이런 방식이 도움이 된다는 점이다.

바꿔 말하면 이러한 회사의 조직 체계와 운영 방식은 일면 우리가 성과를 내는 데에 도움이 되기도 한다. 시야를 가린 채 달려서 1등을 한 경주마 역시 기수와 마주의 칭찬에 기쁨을 느낄 것이다. 그에게 더 넓은 세상과 초원이 있다는 사실도 모른 채 말이다.

그러나 우리는 본질적으로 경주마가 아니며, 경주마로 평생 머물러서도 안 된다. 우리는 직장생활을 통해 각자의 삶의 질과 양을 늘려나가야 하는데, 그렇게 하기 위해서는 더 독립적이고 자유로운 내면의 힘을 키워가야 한다. 따라서 독자적인 삶을 살기로 한 이에게 경주마는 어울리지 않는다. 그러함에도 이를 단번에 거부하거나, 대안 없이 외면할 수 없다는 현실, 그리고 앞서 말한 대로 경주마로 사는 기간이 우리에게 도움이 되는 면도 있다는 점 또한 부인할 수 없는 사실이다.

그렇기 때문에 우리는 경주를 하는 시간 동안 경주의 법칙을 배우고, 무엇이 경주를 승리로 이끄는지를 깨달아 행해야 한다. 그리고 훈련을 통해 근육을 키우는 동시에 민첩성을 연마하여 경주에 나가 이기는 것이 경주마로서 우리가 해야 할 일의 전부다.

그러나 어느 정도 실력을 키운 뒤에는 다른 리그로 진출하고, 다른 마주에게 몸값을 올려 의탁하고, 또는 더 넓은 초원으로 뛰어들어 또 다른 말의 생을 살아가는 것까지 고려해야 한다. 이때 가장 선결되어야 하는 의식의 변화가 있다. 바로 세상에는 또 다른 리그가 많이 있고, 다양한 특성을 가진 마주도 많으며, 그리고 비단 경기장이 아니라도 말이 뛰놀 수 있는 무수히 넓은 터가 있다는 것을 '아는 것'이다.

이를 알기 위해서는 결코 옆 시야를 가린 채 주어진 경주를 열심히 뛰는 일에만 집중해서는 안 된다. 기수가 경주에서 이기기 위해 내 시야를 가려뒀으며, 그 환경에서 1등을 할 정도로 근본적인 체력과 속도를 키우는 것이 나의 핵심 경쟁력이 된다는 점에 대해서 인정하고 이를 키워 검증하되, 말의 세계와 이를 둘러싼 산업의 구조를 지속적으로 조망할 수 있어야 한다. 그래서 이 경기에서 1등을 한 뒤에 비단 AA팀 소속의 1등 경주마로서의 삶뿐 아니라 다양한 선택지가 있음을 알고, 이를 고를 수 있는 역량과 관점을 갖는 것이 자신의 삶의 질과 양을 높이는 데에 보다 더 유리한 환경이 될 수 있음을 알아야 한다.

그래서 회사가 직원을 가장 지능적으로 활용하고 시간적 관점에서도 가장 효과적으로 사용하기를 계획하고 실행하는 것처럼 직원 스스로도 자신의 지능과 시간을 극도로 활용하여 회사를 활용할 수 있는 수준까지 나아가야 한다. 그럴 때 비로소 우리는 독자적인 직장생활을 해나갈 수 있게 되고 인생의 질과 양을 높이는 데에 가장 효율적으로 움직일 수 있게 된다.

그렇기 때문에 독자적인 직장생활을 실천해가기 위해 가장 먼저 해야 할 일은 바로 나와 회사에 주어진 일들을 더 높고 넓은 관점에서 바라보며 이를 전체적으로 조망하는 능력을 키우는 것이다. 그 뒤에 비로소 당장 나에게 주어진 일과 역할이 어떤 맥락과 방향을 가지고 있는지 알고 그 일을 성공적으로 해내는 조건과 그 일을 해낸 이후에 취해야 할 영역이 어디인지를 알고 도전할 수 있다.

피드백

일과 그 일을 둘러싼 회사 및 산업 전반의 맥락을 조망하기 위해서는 국가와 시장, 그리고 산업과 회사의 거시적인 환경과 그 흐름을 읽는 것이 매우 중요하다. 당장 하고 있는 일만 해서는 그 곁을 둘러싸고 있는 환경을 알기 어려울 뿐더러, 지금 하는 일이 왜 그런 일이 되었고, 그 일에서 회사가 나를 활용하여 얻고자 하는 것이 무엇인지 분명히 알기 어렵기 때문이다. 그리고 이러한 거시적인 측면뿐 아니라 회사 안에서 이루어지는 일에 대해서도 그 내용과 전후 맥락을 구체적으로 이해하는 것이 필요하다.

그럴 때 우리는 비로소 주어진 일에 대해 더 제대로 이해하고 수행할 수 있을 뿐 아니라, 궁극적으로는 회사 안에서 자신의 위치와 입지, 나아갈 길을 알 수 있게 되기 때문이다.

그렇다면 어떻게 일 안에서 그 맥락을 읽을 수 있을까? 가장 중요한 수단은 바로 '피드백'이다. 즉, '피드백'을 얼마나 자주, 구체적으로 주고받는지가 바로 회사에서 우리가 얼마나 충분히 일을 조망하고 있는지와 연결된다. 그 이유를 자세히 살펴보자.

대기업에서는 주로 지시 – 준비 – 보고 – 의사결정 – 실행의 흐름으로 일을 진행한다. 그리고 많은 경우, 나의 보고를 기반으로 상사는 그의 상사에게, 그의 상사는 다시 자신의 상사에게 보고를 한다. 그러는 사이 내가 고민하고 기획한 부분에 대한 의사결정과 피드백은 들을 길이 없어지고, 결론적인 내용만이 남게 된다. 나의 논리적 흐름이 1 → 2 → 3 → 4 → 5였다면 막상 내가 들을 수 있는 답은 겨우 5단계에 이르러 나온 결론 정도이다. 내가 제시한 생각이 어느 단계에서 누구에 의해 어떻게, 왜 수용되거나 수정되었고, 최종 의사 결정자는 구체적으로 어떤 관점과 이유에서 승인을 하거나 거절하거나 무시했는지 그 세부적인 판단은 알기 어렵게 된다.

상대적으로 낮은 연차의 직장인이라면 직접 참여한 부분은 1단계의 일부분 밖에 되지 않을 수도 있다. 그 경우 나머지 큰 부분이 무엇인지, 또는 이후에 일이 어떻게 전개되어 가는지 듣지 못하게 될 수도 있다.

하지만 Intelligence를 높일 수 있는 기회는 각 단계의 논리적 흐름, 특히 일의 전후의 인과 관계와 다른 요소와의 상관관계의 전개 사이사이에 녹아 있는 경우가 많다. 그 안에 다양한 크고 작은 문제의식과 해결 방안이 녹아들어 있기 때문이다. 따라서 우리는 더욱 집요하게 이 모든 과정을 확인하는 습관을 가져야 한다. 문제를 제대로 인지해야 성장을 위한 에너지를 쏟을 올바른 터를 고를 수 있고, 해결 방안을 도출하는 데까지 가야 또 다른 문제를 풀어낼 역량을 쌓을 수 있기 때문이다.

모든 보고에 직접 들어가기가 어렵다면 보고에 참석한 사람에게 구체적인 논의 내용과 의사결정의 핵심 포인트에 대해 묻고 들어야 한다. 조직 문화와 분위기에 따라 그렇게 하기 어려울 수도 있지만 이는 용기를 내서라도 해야 할 일이다. 자신이 참여한 일에 대해 구체적인 의견을 듣는 것은 언제라도 매우 정당한 행위이며, 그것이 결국 우리를 발전시키고, 회사가 인재를 성장시킬 수 있는 길이기 때문이다.

만약 매 보고 시 구체적인 피드백은 주지 않으면서 구성원의 기획력에 발전이 없다고 지적하는 리더가 있다면 그 역시 일의 맥락과 경과를 꼼꼼히 추적하는 과정 없이 리더의 자리에 올랐을 가능성이 높다. 본인이 겪어보지 못하거나 모르는 것을 조직 운영에 반영해낼 수 있는 리더는 드물기 때문이다. 이들 역시 당장 시작할 수 있는 것이 있다. 구성원에게 논의의 경과와 결과를 빠뜨리지 말고 공유하는 것이다. 그리고 그에 대한 구성원의 생각을 다시 한번 묻고 듣는 것이다. 결국 구성원은 집요하게 물어야 하고, 리더는 구체적으로 답해야 한다.

예를 들어 보자. 어떤 회사에서 신규 외식 사업을 시작하려고 한다. 하루 직장인 유동인구가 1만 명인 명동 지역 내에 1억 원짜리 땅에 치킨집을 열어서 한 달에 3억 원의 매출을 올리고 1억 원의 영업이익을 남기면 좋겠다는 생각으로 기획안을 올렸다고 가정하자. 비록 당신이 매 보고에 모두 참여하지는 못했지만, 몇 번의 보고 과정을 거치며 치킨집 오픈이 결정되었다.

그런데 최종 승인받은 내용을 보니 치킨집의 지역이 서울역으로 바뀌어 있고 땅값도, 운영비용 규모도 확 늘어 있다. 그러나 정작 최초로 기획안을 올린 당신은 그 이유를 듣지 못했다. 혹은 지역과 비용은 같은데 치킨집이 아닌 피자집을 열기로 결정이 났는데 역시 그 이유는 듣지 못했다.

더 극단적으로는, 가게 오픈 계획을 철회했다고 하는데 왜 그런지 알 길이 없다거나, 최악의 경우 아무것도 결정되지 않고 심지어 아무런 피드백도 없이 회의가 끝났다고 하는데 역시 상세한 이유는 듣지 못하는 경우도 있다.

이 모든 케이스에서 최초 기획을 했던 당신은 Intelligence를 늘릴 기회를 갖지 못했다(상사와 회사에 대한 푸념과 불만을 토로할 기회는 늘 것이다). 서울역에 몇몇 대기업의 사옥 이전 계획이 있어서 치킨집을 오픈할 6개월 후면 유동인구가 명동을 훨씬 넘어설 것으로 예상된다거나, 주위에 치킨집이 하나도 없으니 처음부터 크게 만들어서 초반부터 상권을 선점하려 한다거나, 또는 일반적인 치킨집과는 다르게 맛과 서비스 품질을 대폭 높이기 위해 운영비용을 더 높게 책정한다거나, 조사를 해보니 소비자들의 입맛이 서구화되어서 치킨보다는 피자 소비가 늘고 있다거나, 혹은 치킨집 오픈보다는 양계장에 투자를 하는 쪽이 회사의 비전과 방향에 더 잘 맞을 것이라거나 하는 등의 각 단계와 과정에서의 피드백은 회사와 경영진의 사고방식과 우선순위, 그리고 사업과 시장을 바라보는 관점을 고스란히 투영한다.

또한 이는 회사가 문제를 풀어내는 방식과 자신이 문제를 풀어내는 방식 간의 차이가 무엇인지를 엿보게 해주는 매우 중요한 지적 자원이다. 이 자원을 최대한 확보함으로써 최초 기획자인 나는 나의 생각을 넘어서는 다양한 관점과 판단 기준, 논리의 흐름을 배우게 되고 이 과정을 통해 스스로의 생각을 돌아보며 성장의 기회를 가질 수 있게 된다.

따라서 최초 기안으로부터 최종 의사 결정과 실행에 이르기까지 진행되는 모든 보고와 논의, 그리고 의사 결정 사항에 대한 구체적인 내용을 반드시 들을 수 있어야 한다.

그러나 이 모든 것을 수시로 알고 흡수하기에 대기업의 보고라인은 길고, 각 단계별 의사결정자들은 바쁘다. 구성원의 입상에서 볼 때도 일의 진행 경과 하나하나를 캐묻는 일은 눈치가 보이고, 혹은 많은 시간이 걸리는 일일 수 있다. 그러나 머뭇거리는 사이 Intelligence를 쌓을 수 있는 기회는 멀어져 간다. 그리고 이 기회가 멀어질수록 남는 것은 기존의 체계와 구조가 잘 돌아가고 유지되도록 기여하는 역량뿐이다.

즉, 눈을 가리고 경주에 나가 열심히 뛰는 경주마만이 남을 뿐이란 소리다. 안타까운 진실은, 경주마의 힘이 떨어지거나 더 잘 달리는 경주마가 등장하면 그 순간 그 경주마의 쓰임은 끝난다는 점이다. 이러한 '대체 가능성'은 직장인에게는 가장 치명적인 아킬레스건이다.

따라서 우리는 Intelligence를 쌓는 데에 더욱 절박하고 필사적이 되어야 한다. 피드백을 듣는 것이 그 출발점이다. 잊지 말고 반드시 일의 경과와 결과를 확인하자.

속도

다음으로 중요한 것은 '속도'다. 더 구체적으로 말하면 '빠른 실행력'이다. 상식적인 선에서 비교해보자. 두 사람에게 동시에 같은 일이 주어졌을 때 한 사람은 이를 하루 만에 해냈고, 다른 사람은 이틀 동안 해서 끝냈다고 가정하자. 만약 일의 결과물이 같은 수준이라면 과연 둘 중 누가 더 많은 가치를 만들어낸 것일까? 답은 당연히 하루 만에 해낸 사람이다. 이 사람은 후자의 사람보다 더 빨리 실행했고, 더 빨리 그 결과를 전달할 수 있다. 결정적으로 후자의 사람보다 하루의 시간을 더 벌었다. 즉, 후자의 사람보다 더 많은 시간을 다른 것에 쓸 수 있다.

이 시간을 LTM 달성에 사용한다면 그가 LTM에서도 더 유리한 입장에 놓이게 되는 것이다. 따라서 우리는 같은 양의 업무라면 가급적 이를 남보다 더 빨리 해낼 수 있어야 한다. 하지만 여기에는 한 가지 맹점이 있다. 말 그대로 무엇이든 빠르게 실행하고, 그 결과도 우수하다면 좋겠지만 이것은 말처럼 쉬운 것이 아니다. 오히려 무작정 일을 빠르게 하려다가 그르친다면 안 한 것만 못할 수도 있다. 그렇기 때문에 우리는 일의 속도에 대해 보다 체계적으로 생각하고 행동할 필요가 있다. 과연 일을 빠르게 실행하기 위해 알아야 할 것은 무엇일까?

일을 빠르게 실행하기 위해서는 먼저 일의 레벨Level과 층계Layer를 나눌 수 있어야 한다. 앞서 말한 대로 모든 일을 다 빠르게 실행하려고 하다가 충돌을 야기하거나 주위에 피해를 준다면, 혹은 스스로 감당이 안 되는 상황을 만든다면 이는 오히려 독이 될 수도 있기 때문이다. 더 근본적 생각해보면 모든 일이 다 똑같이 빠르게 처리되어야만 하는 것도 아니다.

따라서 우리는 Level과 Layer에 따라 일을 구분한 뒤 속도가 필요한 일을 집중적으로 실행함으로써 보다 빠르게 일을 처리할 수 있어야 한다. 그렇다면 두 가지 기준인 Level과 Layer에 대한 보다 구체적으로 이해해보자. 여기서 Level은 중요도와 난이도의 정도로, 그리고 Layer는 일의 성격과 결과물의 종류로 생각할 수 있다. 어떤 일은 매우 중요하고 난도도 높아서 실행과 해결에 많은 자원이 필요하고, 시간도 오래 걸린다. 이런 일은 보통 기업에서도 상위자가 책임을 지고 진행하는 경우가 많다. 만약 어떤 회사가 새로운 사업 영역에 진출하기로 결정하거나 새로운 상품을 출시하기로 결정했다면 그 각각의 과정과 요소에 필요한 역할이 다양하게 존재하고 그중 하나, 혹은 두 가지 역할이 우리에게 주어질 것이다. 이때 맡은 바를 빠르게 실행해내는 것은 결과적으로 전체 사업과 상품의 출시에 큰 영향을 미친다.

한편 어떤 일은 중요하지만 상대적으로 쉽게 해결할 수 있는 것들도 있다. 이런 일이 주어졌다면 망설일 것도 없이 빨리 처리해야 한다. 더불어 한 가지 생각해볼 점은 중요하면서도 쉽게 처리할 수 있는 일은 누구나 맡고 싶어 하는 일이란 사실이다. 상대적으로 쉽게 성과를 만들어낼 수 있기 때문이다. 반대로 이런 일을 제대로 못해낼 경우 그 타격 또한 크다. 따라서 이런 일이 주어졌다는 자체에 감사하며 빨리 실행할 수 있어야 한다.

예를 들어 만약 두 회사의 사장들이 상호 협력을 합의하고 서로의 서비스를 특별가에 제공하기로 합의했다고 가정하자. 이를 실행할 실무자로 당신이 지정되었다. 이제 당신이 할 일은 협력을 구체적인 형태로 구현하는 것이다. 일반적인 기업 환경에서 사장이 결정한 사항에 대해서 다른 이들이 반대를 하거나 거부하기는 쉽지 않다. 심지어 두 회사 사장이 상호 합의한 사항이라면 실무자들은 어떻게든 그 일이 되게끔 만들어야 한다.

이는 즉, 두 회사의 실무자 모두 일이 성사되도록 만들 준비가 되어 있다는 의미다. 협의 과정이 상대적으로 수월할 수도 있다는 뜻이다. 그러나 일 자체는 여전히 높은 중요도를 갖는다. 사장들이 합의한 일이기 때문이다. 따라서 이러한 일들은 빠르게 처리하고 혹여나 문제가 생기지 않도록 하는 것이 중요하다.

만약 중요도가 떨어지는데 난도가 높은 일이 있다면 어떻게 해야 할까? 결론적으로 그러한 일은 후순위로 미뤄서 가용 시간을 우선순위가 더 높은 중요한 일에 먼저 사용해야 한다. 이때 중요한 점은 투명성과 신뢰다. 누군가 나에게 이런 일을 지시한 사람이 있다면 지금 처리해야 할 더 중요한 일에 대해 투명하게 공유하고, 그 결과가 시장과 회사에 기여할 바에 대해 동의를 구함으로써 보다 더 중요한 일에 우선적으로 시간을 쓸 수 있도록 환경을 조성해야 한다. 그렇지 않고 덜 중요한 일이라고 해서 일을 지시한 사람에게 동의와 양해를 구하지 않고 해당 일을 미뤄두는 것은 의외의 문제를 초래할 수도 있다.

따라서 평소에도 조직 내에서 투명성과 신뢰를 쌓아두는 것은 매우 중요하다. 중요도도 낮고 난이도 또한 낮아서 쉽게 처리할 수 있는 일이 있다면 이는 최대한 빨리 처리하여 고민의 가짓수를 줄이거나, 또는 다른 구성원 중 이를 처리할 만한 담당자가 있다면 그에게 적절히 업무를 위임하여 나의 시간을 버는 것이 필요하다. 많은 경우 이는 다양한 업무를 익힐 필요가 있거나 다양한 경험 자체가 도움이 되는 구성원을 가까이에 두고 있는 경우 실행할 수 있는 방법이다.

만약 주변에 그런 구성원이 없다면, 즉 나를 대신해 이런 일을 처리해줄 사람이 없다면 결국 일을 뒤로 미뤄두거나 그것이 여의치 않다면, 빨리 처리하는 수밖에는 없다. 다행인 점은 보통 이런 유의 일들은 몇 차례 반복하다 보면 특정 패턴이 나오고 소위 '요령'이 생기기 마련이다. 만들어진 요령 위에 가볍게 시동을 걸어 빨리 종결지은 뒤 본 속도가 나오는 즈음에는 중요도가 높은 업무 위를 달리면 된다.

다음으로 Layer를 살펴보자. 일의 성격과 결과물의 종류에 따라서도 일의 속도감은 달라진다. 내가 하는 일이 아이디어를 바탕으로 사업과 서비스를 기획하는 일이라면 무조건 속도만 내세우기는 어렵다. 뛰어난 아이디어가 속도와 정비례해서 나올 수 있다면 좋겠지만 아이디어는 때로는 하루아침에 나오기도, 때로는 긴 시간 고뇌를 거친 후 나오기도 하기 때문이다.

내가 하는 일이 점심시간에 허기를 채우기 위해 식사를 하러 오는 회전율 높은 손님들을 상대하는 일이라면 당연히 빨리 많은 양의 음식을 만들어 제공하는 것이 중요하다. 또한, 만들어야 하는 결과물이 일품Masterpiece인 사람과 모형Mock-up인 사람이 가져야 할 실행의 속도 또한 다르다. 당연히 명작을 지향하는 이는 빠른 속도보다는 완결성에 무게를 두어야 하고, 시장의 반응을 보는 것이 더 중요한 이들은 빠르게 Mock-up을 만들어 선보이는 것이 훨씬 더 중요하다.

이처럼 일의 성격에 따라 속도가 핵심인 일들이 있고 그렇지 않은 일들이 있다. 당연히 속도가 핵심인 일들은 빠르게 실행해야 한다. 다만 그렇지 않아 보이는 일들도 그 일의 하루하루 예정된 단계와 과정을 세세하게 나누어 생각해보면 각 단계에서의 빠른 실행은 여전히 유효하고 중요하다. 예를 들어 새로운 서비스에 대한 아이디어를 발굴하는 일을 맡고 있다면 비록 아이디어가 하루아침에 나올 수는 없다고 해도, 그 아이디어를 찾기 위해 해야 하는 여러 가지 일들, 예를 들어 자료를 찾고, 책을 읽고, 전문가를 만나고, 고객의 의견을 듣는 일은 각 단계에서 빠르게 할 수 있다.

이런 맥락에서 보면 '빠르다'는 것은 일의 내용에 따라 달라지는 성격의 것이라기보다는 오히려 일을 대하는 우리의 자세, 또는 습관에 관한 것에 가깝다. 그리고 일의 Level과 Layer를 나누어 접근하는 관점이 우리가 속도 관점에서 더 나은 습관을 기를 수 있도록 돕는다.

일반적인 업무 상황을 예로 들어보자. 가장 쉬운 것은 커뮤니케이션을 빠르게 하는 것이다. 그 자체는 매우 쉽다. 누군가 나에게 구두나 전화, 이메일로 일을 요청한다면 일단 빠르게 응답하면 된다. 다만 연락을 잘 받았고, 상황을 제대로 인지했다는 것을 전달하기 위해 답을 빠르게 하는 것과는 별개로 그다음에는 실제 요청받은 '내용'에 대해서 빠르게 응답할 수 있어야 한다.

이를 위해서는 요청의 내용을 제대로 이해하고, 생각을 정리하고, 더 확인해야 할 정보를 구분하여 실제 그 정보를 채워야 한다. 그 후 생각을 정리하여 이를 시각화하거나, 혹은 남에게 설명 가능한 형태로 체계적으로 만들어야 한다. 만약 파트너 회사와 회의를 했다면 논의된 내용을 회의가 끝나자마자 정리하여 공유하고, 필요한 후속 진행 사항을 누가 언제까지 처리할지, 처리를 위해 갖춰야 할 요건은 무엇인지 등을 더 빠르게 정의한다. 이러한 일을 누군가는 몇 시간 내로 끝내기도 하고 다른 누군가는 하루 만에, 또 다른 누군가는 며칠에 걸쳐 하기도 한다.

한편, 빠른 실행을 위해 그 밑바탕에 갖추어야 할 역량은 사고력이다. 높은 사고력은 일의 경중을 파악하고 일에 속도를 내는 데에 필요한 역량과 자원에 대해 올바른 판단을 할 수 있도록 돕는다. 이때 탄탄한 사고력을 갖추기 위해서는 앞서 말한 바와 같이 먼저 자신의 생각을 정리해보고, 그 생각의 근거와 관점에 대해 다른 이들로부터 피드백을 들어봐야 한다. 타인의 논리와 생각을 통해 다시 나의 생각의 강점과 빈틈을 직시하고, 이를 강화하고 채워가는 훈련을 반복할 수 있다.

내가 잘 모르거나 뚜렷한 관점을 갖지 못한 영역에 대해서는 책을 읽거나 강의를 들음으로써 선견지명을 가진 이들의 이야기를 접하고, 그들의 논리 구조와 생각을 보고 익힘으로써 나의 사고력을 높일 수 있다(어렸을 때 부모님께서 책을 많이 읽으라고 하셨던 이유를 나이가 들어서야 깨달았다).

다양한 정보를 얻기 위해서는 정보의 소스가 되는 사람, 책, 매체 등을 잘 알아야 한다. 이때, 머릿속에 입력한 정보의 양이 많은 것은 분명 여러 면에서 도움이 되겠지만 우리 뇌가 결코 디지털 세상에 존재하는 방대한 양의 정보를 다 받아들일 수는 없다는 점을 감안할 때 그보다 더 실용적인 것은 필요한 정보를 어디에서 찾으면 되는지를 아는 것이다.

이를 위해 평소 다양한 분야의 사람들과 관계를 쌓음으로써 그들의 경험과 관점을 배우고 정보가 어디에 있는지를 알아두어야 한다. 또한 꾸준한 독서를 통해 타인이 연구하고 경험한 것들의 소스를 확보할 수 있다. 또는 어떤 웹사이트에 필요한 정보들이 있는지 평소 유심히 봐두는 것도 도움이 된다. 이렇게 정보의 소스를 다양하게 넓힌 뒤에는 각기 다른 상황에 따라 필요한 것들을 찾아 활용하면 된다. 보다 적극적인 태도를 견지한다면, 누가 시키지 않아도 먼저 문제를 읽어내고, 먼저 해결책을 고민하고, 먼저 실행하여 그 결과와 통찰을 조직에 전할 수 있다. 이를 위해서는 특정 현상에 대해 깊은 관심을 갖고 무엇이 문제가 되는지, 무엇을 해결하면 가치가 생길지를 면밀히 파악한 뒤 해결을 위한 방법들을 고안하여 실행에 나서야 한다.

이러한 적극적인 자세를 통해, 우리는 일을 처리하는 속도를 높일 수 있을 뿐 아니라 같은 시간에 더 많은 일을 할 수 있다. 분명한 사실은, 동일한 현상을 보고 문제를 인식하는 데에 하루가 걸리는 사람과 1분이 걸리는 사람의 성과는 비교할 수조차 없다는 점이다. 마찬가지로 같은 일을 해결하는 데에 열흘이 걸리는 사람과 하루가 걸리는 사람 또한 비교할 수 없다.

한 번에 엄청난 변화가 생기지는 않겠지만 하루하루 문제 인식의 속도와 실행의 속도를 높이기 위해 노력함으로써, 그리고 이를 가능하게 해줄 Intelligence를 키움으로써, 우리는 더 높은 성과를 만들고 더 큰 가치를 만들어낼 수 있다. 그러니 매일, 조금씩 더 빠르게 실행하자.

협력

협력이 주는 묘미는 바로 내가 갖지 못한 힘을 타인을 통해 보완하고, 보완을 통해 일의 속도를 높여갈 수 있다는 점이다. 말할 것도 없이 타인의 강점을 흡수하여 나의 실력을 키우는 데에 활용할 기회가 주어지고, 생각한 바를 실행한 뒤 결과를 보고 배움을 얻을 기회 또한 주어진다. 이는 좁게 보면 나와 타인과의 관계에서 일어날 수 있는 일이고, 조금 넓혀보면 팀과 팀의 협력을 통해, 또는 회사와 회사의 협력을 통해 얻을 수 있는 기회다. 기회의 다양성 측면에서 보면 당연히 더 많은 팀과, 더 많은 조직을 가진 회사에 더 많은 기회의 가능성과 이점이 있다.

비슷한 맥락에서 어느 정도 규모가 있는 기업이 갖는 큰 강점 중 하나는 바로 브랜드다. 회사의 브랜드를 보고 인재가 모여들고,

사업 파트너들이 모여든다. 또한 그 회사의 브랜드를 공유하고 있는 구성원이라는 사실만으로도 다양한 사람들을 만날 기회와 일종의 자격이 주어진다. 협력의 장이 보다 넓게 주어지는 것이다. 그렇다면 만약 당신이 현재 다양한 조직을 갖추고 제법 이름이 알려진 회사에 다니고 있는 구성원이라면 이를 어떻게 활용해야 할까?

답은 간단하다. 만나면 된다. 협력의 기회와 깊이를 늘리기 위해 다양한 사람과, 팀과, 회사를 만나면 된다. 만남을 위해서는 회사의 브랜드를 활용하면 된다. 다양한 사람들에게는 다양한 이야기가 있다. 각기 다른 회사에도 각기 다른 실력이 있다.

우리는 서로의 경험을 통해 배울 수 있다. 내가 해보지 않은 일을 상대를 통해 접할 수 있고, 상대를 통해 내가 하는 일에 대해 새로운 아이디어를 얻을 수도 있다. 상대를 통해 내가 갖고 있지 않은 강점을 구할 수 있고, 나의 강점으로 상대에게 도움을 줄 수도 있다. 그리고 이 모든 과정에서 새로운 가치가 발생한다.

이는 '시너지'라고 표현되기도 하지만 준비된 각자가 모여 협력하는 것을 통해 생산의 도구를 더욱 늘리고 그 결과 혼자서 할 때보다 더 많은 것을 더 빠르고 더 쉽게 만들어낼 수 있다는 지극히 경제학적인 개념이기도 하다. 다만 많은 경우, 우리가 시로를 모르고, 서로를 이어줄 나리를 보지 못할 뿐이다. 바로 기업의 브랜드와 그 사업이 연결고리가 될 수 있음에도 불구하고 말이다.

2018년 4월, 나는 런던에서 열린 Rutberg Summit에 다녀

왔다. 그곳은 다양한 기업의 경영자들이 모여 이슈를 토론하고 미래를 논하는 자리이다. 그곳에 참석한 한 글로벌 은행의 CEO는 Summit 참석 이유에 대해 아래와 같은 말로 명확한 현실 인식을 보여주었다.

"요새 우리 산업을 보면 너 나 할 것 없이 모두가 다 힘듭니다. 모두가 같은 고민을 하고 있습니다. 심지어 동종 기업의 CEO들끼리 모여서 이야기를 해도 쉽게 답이 나오지 않습니다. 그래서 다른 산업의 이야기를 듣고 싶습니다. 그렇게라도 실마리를 찾고 싶습니다. 그래서 이곳에 왔습니다."

과연 이 CEO는 무엇을 기대한 것일까? 물론 다른 업계의 사람들로부터 단번에 본인의 고민을 해결해줄 명약을 얻을 것이라고 기대하고 행사에 참여한 것은 아닐 것이다. 그보다는 오히려 다른 업종에 있는 이들이 정의하고 있는 문제와, 그 문제를 풀어나가는 방법을 통해 어쩌면 본인이 갖고 있는 문제 인식과 해결 방법을 다시 한번 점검해보는 것이 더 큰 목적일 수도 있다. 다른 이들의 생각을 들어보는 과정이 반드시 필요하기에 그는 그곳에 온 것이다.

SK에서 첫 직장생활을 시작한 뒤 아마존 미국 본사에서 거의 10여 년을 프로덕트 매니저로 재직하며 아마존의 해외 사업 확장을 만들어내고, 지금은 한국 대표 여행 플랫폼 기업의 프로덕트를 이끌고 있는 C는 2014년, 시애틀 지역 Tech 기업에서 활약 중인 한국인들을 모아 서로 교류하고 배울 수 있는 단체를 만들어 운영하며 연결과 협업의 놀라운 에너지를 축적해왔다. 이제는 한국에서 미국의 기업, 특히 아마존이나 마이크로소프트를 학습하기 위해 시애틀을 찾는 기업의 담당자들이라면 대부분 이 단체에 연락을 하는 것이 필수 절차가 되었고, 이를 통해 한국 기업과의 연결고리 또한 강해져가고 있다.

이들은 각자 다른 환경에 속하여 각기 다른 상황을 살아가고 있다. 몸을 담고 있는 회사의 성격과 담당하고 있는 일의 종류도 다르다. 그러나 그들 모두 한 가지 공통점을 갖고 있다. 본인의 실력에 안주하지 않고 다른 이들을 만나 그들의 경험을 통해 자신의 생각을 점검하고, 새로운 것을 배우며 더 나은 역량을 만들어가고 있다는 점이다. 그러는 사이 이들을 찾는 곳이 많아지고 연봉이 올라가는 것은 당연한 수순이다.

이처럼 함께 고민하고 함께 문제를 해결하기 위해 노력하는 것은 그 자체로 우리의 Intelligence 강화를 도울 뿐 아니라 새로운 가치를 찾고 생산하는 데에도 도움이 된다. 다만 이러한 이야기도 서로 대화를 나눌 실력과 관계가 갖추어져 있어야만 가능하다. 하나씩 갖추어가자. 그리고 두루 만나자. 그렇게 하기에 대기업 구성원은 분명 유리한 입장에 놓여 있다.

만나자, 그리고 같이 하자.

전달력

앞서 설명한, 일의 맥락과 경과와 결과를 반드시 확인하고, 주어진 일을 더 빠르게 실행하며 필요한 피드백도 더 빠르게 듣고, 그리고 다양한 사람, 조직, 회사와의 교류를 통해 스스로를 발전시켜 나가는 것이 도움이 된다는 사실을 알았다고 해도, 이를 일상의 회사 생활 속에서 정말 잘 지켜나갈 수 있을까? 답은 물론 '그럴 수 있다'이다. 누구나 조금만 습관을 바꾸고, 조금만 더 속도에 신경 쓰고, 조금만 더 적극적으로 임하면 가능하다.

다만 여전히 한 가지를 염두에 두어야 한다. 어떤 경우가 되었든 타인과 상호 작용이 발생하는 순간에 자신의 생각을 명쾌하게 전달할 수 있어야 한다는 점이다. 즉, 그 의도가 얼마나 좋든 간에, 또는 머릿속에 얼마나 좋은 생각을 가지고 있든 간에, 이를 남이 들을 때도 동일한 수준으로 전달할 수 있어야 한다. 이 역시 개념은 간단하지만 실제로는 어려울 수 있다. 상대와 나는 각기 다른 생각과 정보를 가지고 있기 때문이다. 전달력이 우리가 학습하고 훈련해야 할 역량의 한 종류인 이유도 바로 여기에서 나온다.

따라서 개념을 잘 정리하는 것, 자신의 생각을 담는 것, 자신만의 언어로 표현하되 상대도 이해하기 쉽게 하는 것, 상대의 필요가 무엇이고 상대가 현재 가지고 있는 정보가 무엇인지 파악하는 것 자체가 '역량'이며, 학습과 훈련을 통해 이를 길러야 한다. 이 과정을 통해 전달력을 높일 때 우리는 비로소 외부와의 상호 작용의 효과를 높일 수 있고, 자신의 Intelligence를 키울 수 있다. 상대로부터 나에게 필요한 말을 들으려면 먼저 상대가 내가 하는 말을 이해할 수 있어야 하는 것에서 출발해야 한다는 단순한 개념이다.

그렇다면 전달력은 어떻게 키울 수 있을까? 다른 회사의 파트너, 혹은 같은 회사 내 다른 팀과 업무 협의 미팅을 갖는다고 가정해보자. 우리는 사전 조사에 더 많은 시간을 쓰거나, 상대에 대해 더 많은 정보를 가진 이를 찾아내는 데에 힘을 쏟아 미팅의 안건과 배경, 양측의 목표와 필요에 대해 최대한 많은 정보를 찾아낼 수 있다. 이를 바탕으로 논의가 어떻게 전개될지를 몇 가지 시나리오로 예상해볼 수 있고, 각각의 시나리오에 따라 어떤 스토리가 나올지 그려볼 수 있다.

이는 실제 미팅 현장에서 예상치 못한 대화 전개로 당황하여 막상 해야 할 이야기조차 하지 못하는 상황을 최소화시키는 데 도움이 된다. 이후 실제 미팅을 진행하며 중요한 사항이나 생각대로 흘러가지 않은 사항을 기록해두었다가 이후 다시 생각해볼 수 있다. 녹음이 허용되는 환경이라면, 녹음을 한 뒤 이후에 다시 들어보며 논리 전개와 표현 스타일, 말의 속도와 톤, 상대를 설득하는 과정, 나와 다른 의견에 대응하는 방식 따위를 점검할 수 있다. 그리고 만약 다시 회의를 진행할 경우 어떻게 할 지 고민해볼 수 있다.

물론 전달력을 높이는 데에 방해가 되는 요소를 발견했다면 과감하고 확실하게 제거해야 하며, 반대로 도움이 되는 요소를 깨달았다면 이를 더 잘 활용해야 한다. 이러한 과정의 반복을 통해 우리는 하고 싶은 이야기를 더 잘 전달할 역량을 키울 수 있다.

물론 사전 조사든 시나리오 예측이든 미팅 내용의 복기든, 이모든 것은 상당한 시간과 노력을 요한다. 그래서 번거롭고 쉽지 않은 것이 사실이다. 그런데 흥미로운 점은, 번거롭고 어려운 이러한 일을 웬만한 기업의 최고 경영진이나 임원들은 이미 다들 하고 있다는 점이다.

물론 이들의 경우, 스스로 하는 경우뿐 아니라 그들을 돕는 부서와 직원을 통해 도움을 받는 경우도 많지만 어쨌든 그들은 매 순간 논의의 목적과 내용을 준비하고, 다양한 케이스에 대비하고, 실제 논의한 내용을 요약하고 점검하고, 무엇이 잘 되었고 무엇이 안되었는지에 대한 피드백을 공유한다. 다수 구성원에게 전달해야 할 내용이 있다면 다양한 측면에서 내용과 표현을 점검하며 전달력을 연마하고 있다.

여기에는 중요한 의미가 담겨 있다. 대기업의 최고경영진 또는 임원들이 어떤 이들인가? 이미 본인의 가치를 인정받아 올라갈 수 있는 가장 높은 자리 인근까지 올라가 있는 이들이다. 그런데 그들이 스스로든, 조직의 도움을 받든, 행하고 있는 전달력 강화 작업은 이미 높은 곳에 가 있는 그들의 가치를 더 높아지게 돕는다. 이미 역량을 갖춘 이들이 더 높은 역량을 갖출 유리한 입장에 놓여 있다는 의미다. 하물며 아직 그 자리에 이르지 못한 우리가 아무런 노력도 하지 않는다면 어떻게 될까?

아무리 좋은 생각을 가지고 있어도 이를 성공적으로 전달하지 못하면 아무런 소용이 없다. 그리고 누구도 태어나면서부터 전달력을 역량으로 갖추고 나지는 않는다. 훈련이 필요하고, 훈련을 통해 강화할 수 있다는 의미다.

더 높은 자리에 있는 이들이 더 좋은 훈련을 더 자주 반복하고 있는 상황이 사실이라면 우리도 더욱 빨리, 더욱 구체적으로 노력해야 한다. 더 나은 전달력은 설득에 들어가는 노력과 비용을 줄여주고, 그 결과 더 명쾌한 피드백이 가능하게 도와준다. 명쾌한 피드백은 스스로의 생각과 방법을 점검하게 도와주며 그 결과 나의 Intelligence 강화에도 실질적인 도움을 준다.

따라서 우리는 전달력을 높이기 위해 노력해야 한다. 뛰어난 전달력은 우리에게 한 가지 보너스 선물도 안겨줄 것이다. 바로 전달력이 뛰어난 사람은 그 사람 자체에 대해서도 높은 신뢰를 얻기 유리하다는 점이다. 무슨 말을 하든 믿음이 가는 사람이 있다는 것은 누구나 경험해봤을 것이다. 명심하자. 전달력이 꽃이다.

네트워크

한편, 앞서 2부의 '스승'에서 말한 것처럼, 살면서 좋은 스승을 만나는 것이 중요한 이유는 구체적이다. 그가 우리의 인생에 큰 영향을 줄 수 있기 때문이다. 그렇다면 여기서 한발 더 나아가, 누군가가 다른 이의 인생에 영향을 미치게 되는 형태에 대해 조금 더 깊게 들여다보자. 즉, 그 대상이 누구인지를 넘어서, 사람과 사람의 결합이 어떤 식으로 이루어지는지를 이해함으로써 우리가 갖는 관계의 의미를 생각해보자.

만약 내가 날 때부터 10을 가진 사람이라면 10을 가진 또 다른 사람 100명과 더해서 1,000을 만들 수 있다. 혹은, 100을 가진 사람 한 명과 곱해서 1,000을 만들 수도 있다. 어떤 길을 택할 지는 스스로 고민하고 결정해야 한다. 그 후 실행을 통해 1,000의 수준에 이를 수 있다. 즉, LTM에 가까워질 수 있고 삶의 질과 양을 높여 갈 수 있다.

더하는 삶을 사는 데에는 근면과 성실이 중요하다. 비슷하게 10을 가진 사람들과 지속적으로 결합을 늘려가며 왕성한 활동을 통해 결괏값을 키워가야 하기 때문이다. 그러려면 조금이라도 덜 자고 조금이라도 더 일하는 수밖에 없다. 이 세계에서는 '열심'이라는 단어가 가장 중요하다. 또한 남들이 하는 만큼은 맞춰서 해야 잠재적인 충돌을 피할 수 있다. 더하는 세계에서 프리 라이더Free Rider는 쉽게 용납되지 않는다.

반면 곱하는 삶은 다르다. 곱하기의 삶은 나와 곱셈을 이룰 대상을 찾는 것이 그 핵심이고, 나보다 상대의 값이 클수록 더 효과적이다. 당연한 얘기지만, 덜 가진 사람이 더 가진 사람을 찾는 것은 쉬운 일이 아니다. 역으로 더 높은 값을 가진 이들도 더 낮은 값을 가진 사람보다는 비슷하거나 더 높은 값을 가진 사람을 찾기 마련이기 때문이다.

경영 대학을 생각해보자. 한 수업을 듣는 학생들이 4명씩 조를 나눠 기업 전략을 도출하는 과제를 진행한다고 가정하자. 일반적으로 그들 중 실제 기업에 재직한 경험이 있는 학생은 거의 없겠지만 그래도 4명이 모여 수업에서 배운 지식을 바탕으로 전략을 도출한다고 할 때 이는 10을 가진 4명이 덧셈을 하여 함께 40을 만들어 내는 것과도 유사하다.

그런데 그중 한 조의 T라는 학생이 스타트업을 창업하고 성공시킨 친한 친구를 두고 있어서 그에게 실제 경영의 문제와 해결을 위해 실행했던 일들, 그리고 그 결과에 대해 묻고 들으며 이를 그들의 경영 전략을 도출하는 데에 적극 참고했다고 하자. 이는 각자 10을 가진 조원 4명이 서로 더하는 데에 힘을 쓰기보다는, 먼저 30을 가진 누군가를 찾고 그와 곱하는 것에 더 많은 힘을 쓴 것과도 같다. 이들은 10을 4번 더하여 40을 만들어내는 데에는 충실하지 못했지만, 30을 가진 이와 성공적으로 곱셈을 마쳐 300이라는 값을 만들어내는 데에는 성공했다. 이것이 바로 우리가 맺고 있는 수많은 관계 속에 존재하는 덧셈과 곱셈의 결합 방식이다.

중요한 점은 덧셈이든 곱셈이든 상대가 나와 왜 그러한 결합을 해야 하는지에 대한 충분한 이유를 제공할 수 있어야 한다는 점인데, 이는 특히 곱셈의 관계에서 훨씬 더 중요하다. 결국 나보다 더 큰 값을 가진 사람들이 나를 선택해야만 하는 데에는 숫자가 아닌 다른 어떤 이유가 있어야 하기 때문이다. 그 이유는 가령 '매력' '지능' '가능성' '강인함' '매너' 등이 될 수 있는데, 이 외에도 무엇이 되었든 간에 그 본질은 100을 가진 이가 10을 가진 이와 기꺼이 곱셈을 하고 싶은 마음이 들게 하는 어떤 것이다.

예를 들어 영화에서 자주 등장하는 설정처럼, 뛰어난 싸움 실력을 갖춘 무일푼의 청년이 재벌 회장을 만나 그에게 '경호'라는 가치를 제공하며, 열심히 사는 것만으로는 도저히 도달하기 어려운 수준의 부와 지위를 달성하는 것과도 유사하다. 더 가까이는 평범한 집안에서 자란 이들이 이미 높은 브랜드 가치를 가진 '일류 대학'과 '대기업'에 입사하여 더 잘 짜여진 세상으로 올라가는 것도 일종의 곱하는 삶의 한 형태이다. 그런 면에서 여전히 대기업이 제공하는 가치가 존재하지만 중요한 점은 이것이 언제까지 유효할지에 대해서는 판단이 필요하다는 점이다.

제조를 핵심으로 하는 산업화 시대에 기업이 커지는 것은 규모의 경제성과 맞물려 합리적으로 작동한 메커니즘이었고 이는 우리나라에도 수많은 대기업을 탄생시켰다. 당시 우리의 대기업은 다양한 산업의 성장을 두루 견인하며 핵심적인 역할을 맡았고, 그 구성원은 안정적인 환경에서 더 많은 부를 일굴 수 있었다. 즉 대기업은 충실한 곱셈의 대상이 되어주었다.

그러나 미래 사회의 혁신과 발전을 만들어가는 주체로서 대기업의 역할과 위상은 급격히 변하고 있다. 이제는 큰 투자와 규모가 필요한 제조가 아닌, 적은 투자와 규모로도 승부를 펼칠 수 있는 '지식'이 산업의 기반이 되고 있고, 기술이 지식을 기하급수적인 효용으로 연결 지으며, 그 어느 때보다 다윗이 골리앗을 이기기 좋은 환경을 만들어주고 있기 때문이다. 즉, 이제 곱셈의 대상이 '지식'과 '기술'로 완전히 옮겨가고 있다.

2020년 봄에 카카오의 시가총액이 SK텔레콤의 시가총액을 훌쩍 넘어선 것을 아는가? 이 현상은 분명히 우리에게 시사하는 바가 있다. 더 현실적으로, 카카오의 각 계열사들이 상장을 이어가며 그 구성원들에게 부를 만들어주고 있다. 곱셈 결합의 의미를 파악하고, 누구와 곱할지 고민하는 일이 중요한 이유는 매우 구체적이고 현실적이다.

축적

2007년, 미국에서 〈트랜스포머Transformer〉라는 영화가 나왔다. 충격과 감동 그 자체였다. 어떻게 저렇게 매끄럽게 자동차가 주행 중에 로봇으로, 로봇이 전투 중에 자동차로 변신하는 동작을 구현해냈을까? 그것도 순전히 컴퓨터 그래픽만으로 말이다. 그리고 어느덧 15년이 지났다. 이 시점에서 재밌는 질문을 하나 던져보자. 15년이 지난 지금 한국 영화계의 특수효과 기술로 〈트랜스포머 1〉 수준의 영상을 구현해낼 수 있을까? 2021년, 드디어 하나의 사례를 확인했다. 바로 대원미디어에서 공개한 〈용갑합체〉다. 아쉽게도 이 외에는 아직 그러한 사례가 나타나지 못했고 이제야 〈용갑합체〉가 비슷한 수준을 보여주었다.

왜일까? 혹시 〈트랜스포머〉의 특수효과 기술력을 따라가기에

15년이라는 시간이 너무 짧았던 것일까? 상식적으로 15년은 긴 시간이다. 비단 특수효과가 아니라 어쩌면 로봇 자체를 만들어내는 데에도 충분한 시간이었을 수도 있다(1992년 MIT에서 분사 독립한 로봇 제조 기업 '보스턴다이내믹스**Boston Dynamics**'는 2005년 실제 개와 유사한 움직임을 보이는 로봇개 'BigDog'을 만들었다. 창업 13년 만이다). 물론 전제가 있다. 15년을 관통하는 뚜렷한 목적과 연속적인 작업 그리고 이를 뒷받침하는 충분한 자원과 노력이 지속적으로 축적된다는 전제다.

만약 로봇 제작이라고 한다면 로봇 공학에 대한 전문가 수준의 교육부터 하드웨어 개발과 소프트웨어 프로그램 제작, 그리고 지속적인 실험과 검증이 15년 동안 꾸준히 이어졌다는 전제다. 즉, 지식과 경험이 뚜렷한 목적하에 지속적으로 축적된다는 전제다. 그렇다면 과연 대한민국 특수효과 산업은 지난 15년간 꾸준히 실험을 이어오며 성공과 실패의 경험을 축적하고 이로부터 역량을 키워오고 있었는가?

한국 영화 산업과 특수효과의 산업 현황을 자세히 알지 못하지만 적어도 그러한 역량이 지속적으로 축적되어온 사례는 적거나 매우 제한적으로 보인다. 그리고 드디어 〈용갑합체〉라는 작품이 그러한 축적을 가시적으로 보여주기 시작했다. 다른 영역에서도 이러한 질문은 반드시 필요하며 무엇보다도, 우리 스스로에게 필요하다. 축적되는 것이 없으면 성장하기도 어렵기 때문이다.

실력이 의미 있는 수준으로, 지속적으로 성장하고 있는가? 성장을 위해 필요한 활동을 제대로 알고 실천하고 있는가? 그리고 이를 잘하고 있는지 못하고 있는지 판단할 수 있는 좋은 지표, 또는 스승을 가지고 있는가? 우리가 회사 안에서 일을 하면서 절대로 놓치지 말아야 할 성장의 비결 중 하나가 바로 '축적'이다.

일반적으로 많은 수의 동료들과 잘 짜인 교육 및 육성 프로그램, 그리고 큰 단위의 사업을 훌륭한 파트너들과 함께 안정적으로 도모해가는 환경에서는 한 개인의 실력이 사업에 미치는 영향의 비중이 상대적으로 낮을 수밖에 없다. 이러한 환경에서 일은 대기업에 입사한 '누구라도' 할 수는 성격을 띠고 있는 경우가 많기 때문이다.

이를 다른 말로 하면 바로 '시스템 경영'이 된다. 시스템이 일을 돌아가게 하는 환경의 회사에서는 개인의 성장보다는 시스템의 활동성에 문제가 없는 것이 당장 더 중요한 요소다. 이는 즉, 회사가 시스템을 넘어서 개인의 성장에 더 깊은 관심을 갖기 어렵다는 뜻이다.

그러나 회사가 자신에게 주는 관심이 적다고 해서 자기 스스로에 대한 관심마저 놓아서는 안 된다. 연차는 올라가는데 정작 할 줄 아는 일의 종류와 깊이에 발전이 없다면 대체되기 쉬운 부류로 분류되는 위험을 피하기 어렵다. 회사가 나를 3가지 일을 해낼 수 있는 사람으로 생각하고 있다면 30가지 일을 할 수 있음을 보여주어야 하고, 하나의 일을 처리하는 데 열흘을 필요로 하는 사람으로 인지하고 있다면 이를 하루 만에 끝낼 실력을 갖출 때까지 성장에 힘을 쏟아야 한다. 이러한 관점을 갖고, 매일, 매주, 매달, 매해 스스로에게 축적되고 있는 역량의 실체를 구체적으로 점검해야 한다.

이를 가장 잘 점검할 수 있는 실용적인 방법은 매월, 또는 매 분기마다 이력서를 업데이트하는 것이다. 그리고 업데이트를 할 때마다 한 줄 이상은 추가할 수 있도록 목표를 삼아야 한다. 구체적인 실행 사항과 역할, 검증하고자 한 문제와 검증의 방법, 그리고 그 결과들을 필요하면 세세한 숫자까지 써가며 적으면 좋다. 그래야 자신이 한 일과 기여를 기억할 수 있고, 어떤 일이 왜 잘 되거나 잘 되지 못했는지 알 수 있고, 새롭게 얻은 경험과 역량이 무엇인지 알 수 있기 때문이다.

그런데 만약 이력서를 업데이트하려고 해도 도저히 적을 내용이 없다면 어떻게 해야 할까? 바꿔 말해서, 시간을 보내는 만큼 그에 맞는 경험이 새롭게 얻어지고, 역량이 축적되고 있지 않다면 어떻게 해야 할까? 모든 부는 성장과 함께 온다. 만약 자신의 이력서에 새로운 성장의 한 줄이 추가되지 않는다면, 그리고 비어 있는 역량을 채워줄 정교한 기록이 남지 않는다면, 이는 우리가 필요한 돈을 더 빨리 버는 데에 최적의 길로 가고 있지 않음을 알려주는 신호일 수도 있다.

이러한 신호를 인지했다면 회사 내에서 성장에 더 부합하는 일을 찾거나, 혹은 다른 회사에서의 기회를 고려해야 한다. 이렇게 하기 위해서 필요한 또 한 가지는 용기인데, 누구나 익숙한 곳을 벗어나는 데에는 힘이 들기 때문이다.

만약 회사나 일이 바뀌었을 때에도 성장을 위해 무엇을 해야 할지 잘 모르겠다면, 적극적으로 선생과 스승을 찾아 조언을 구해야 한다. 우리 눈에 보이지 않는 것이 먼저 걸어본 이들의 눈에는 보이는 경우가 있기 때문이다. 혹은 어떤 일을 시작할 때 그 성공의 모습이 무엇일지 미리 생각해보고 구체적으로 그려보는 것도 그 안에서 내가 얻을 수 있는 성장의 종류가 무엇이고 이를 위해 해야 할 일이 무엇일지 아이디어를 얻는 데에 도움이 될 수 있다.

이제는 대기업에 다닌다고 해도 매년 연봉을 높게 올리거나, 돈 걱정 없이 앞날을 준비할 수 있는 그런 시대는 지나갔다. 호봉제는 빠른 속도로 사라지고 있고, 물가상승률을 넘어서는 연봉인상률을 기대하기도 점차 더 어려워지고 있다. 우리는 시간을 보내는 만큼 성장해야 한다. 성장하기 위해서는 축적해야 한다. 기업에서 인재 육성을 바라보는 관점도 '축적되고 있는가?'에 집중되어야 하고, 이를 점검해줄 수 있는 구조와 제도가 마련되어야 한다. 그것이 우리가 삶의 질과 양을 높여갈 수 있는 길이다.

아마도 한국의 특수효과 시장과 여러 지원 시스템이 보다 분명한 목표를 갖고 지난 15년 간 기술을 축적해왔다면 합리적으로 상상하건대 우리나라에서도 〈트랜스포머1〉 정도의 특수효과는 이미 수많은 전문가들이 쉽게 구현할 수 있는 오래된 기술이 되어 있을 것이다. 어쩌면 그보다 훨씬 더 뛰어난 특수효과 기술이 벌써 나와 있을지도 모르겠다.

축적하자. 축적이 없는 성장은 없다.

학습

보다 현실적으로 우리의 성장을 도와줄 무기인 Agility와 Intelligence를 강화하기 위해 우리에게 필요한 것은, 첫째도, 둘째도 '학습'이다. 지금 어느 회사에 있든, 어떤 위치에 있든, 무슨 일을 하든, 성장을 위해 우리에게는 늘 학습이 필요하다. 배우고 익혀야만 발전할 수 있기 때문이다. 다만 학습에도 여러 가지 다른 형태와 방법이 있음을 이해해야 한다. 그래야만 누구에게나 공평하게 주어진 같은 시간을 보다 더 효과적으로 사용할 수 있기 때문이다.

학습의 형태는 다양하다. 정보의 양을 늘리기 위해 무언가를 배우고 익히는 것도 학습이고, 문제를 이해하고 해결하는 역량을 키우기 위해 사고력을 기르는 것 또한 학습이다. 그리고 어떤 상황과 현상의 본질을 파악하고 통찰력을 키우는 것도 학습이고, 필요한 순간 필요한 정보를 빠르게 떠올리기 위해 암기력을 기르는 것 또한 학습이다. 물론 이 모든 것을 다 갖출 수 있다면 더할 나위 없이 좋겠지만 우리 각자에게는 때와 상황에 따라, 혹은 현재 갖추고 있는 역량에 따라 각기 다른 종류의 학습이 필요하다.

따라서 필요한 역량이 무엇인지 구분하고 이를 채울 수 있는 방향으로 학습을 해가는 것은 주어진 시간을 효과적으로 사용하여 스스로를 발전시켜나가는 데에 매우 중요하다. 재밌는 점은, 각기 달라 보이는 다양한 학습의 형태가 종국에는 모두 연결된다는 점이다. 각각의 학습 형태와 그 연결고리를 구체적으로 살펴보자.

먼저 정보를 통한 학습을 위해서 우리는 연결자가 되어야 한다. 각기 다른 '정보 연결자'다. 정보를 얻고 채우기 위해서는 책을 보거나 강의를 듣거나 신문이나 뉴스 등의 다양한 콘텐츠를 보는 것이 도움이 된다. 또한 다양한 전문가를 만나 견해를 나누는 것도 중요하다.

그 후 취득한 정보를 진정 의미 있는 정보로 만들기 위해서는 이를 나에게 연결할 수 있어야 한다. 흡수한 정보를 어떻게 나에게 도움이 되도록 활용할지, 그 정보를 필요로 하는 다른 사람에게는 어떻게 공유할지, 그리고 그 정보를 발판 삼아 무엇을 더 알아볼지를 고민해야 한다. 이것이 정보를 통한 학습에 필요한 관점이다.

다음으로 사고력을 기르기 위해 우리는 추격자가 되어야 한다. '근원 추격자'다. 서울대 Executive MBA에서 우리는 주로 하버드

비즈니스 케이스의 내용을 배우며 토론을 했다. 그러나 그중 어떤 정보도 그 자체로는 당장 우리의 현재 업무에 적용시킬 여지는 많지 않았다. 일이 발생한 상황과 맥락이 다르고 영향을 미치는 요소가 다르고, 결정적으로 그 일에 관여한 사람 자체가 완전히 다르기 때문이다.

하지만 각 문제 사례의 근원을 추적하고, 사람들의 이해와 대응을 살펴본 뒤, 문제를 해결하는 데에 영향을 미친 핵심적인 요인을 밝혀내며, 그사이 일종의 공식을 발견하고 일종의 감각을 얻어서, 이들이 모여 만들어내는 통찰력을 기반으로 다시 나의 문제의 근원을 추적해갈 수 있다. 그리고 이 전체적인 과정을 통해 우리는 사고력을 강화할 수 있다.

재밌는 점은 이 과정이 반복될수록 '통찰력'이 커질 확률 또한 높아진다는 점이다. 즉, 무언가를 '보는' 행위를 통해 정보를 얻고, 얻어진 정보의 근원을 파악하고 추적하는 과정을 통해 사고력을 기르고, 이러한 경험을 반복하며 일면 통계적인 감각으로, 일면 경험의 합을 통한 귀납적인 사고력으로, 그리고 경우에 따라 말로 설명하기 어려운 어떤 신비로운 감각으로 '통찰력'을 얻게 되는 것이다. 따라서 통찰력을 얻기 위해 우리는 '끈기 있고 성실한 근원 추격자'가 되어야 한다.

이렇게 얻은 통찰력은 Intelligence의 핵심 축이 된다. 따라서 먼저 좋은 정보와 배움을 찾고, 그 일들이 이루어지는 단계별 요소를 깊이 들여다보는 훈련을 반복하며, 여기서 얻은 생각을 나의 일에 대입하는 훈련을 지속해야 한다.

이때, 뛰어난 암기력은 모든 사고의 흐름과 속도에 윤활유 역할을 한다. 사고의 구조가 돌아가는 과정 단계 단계에 필요한 정보들이 검색어 입력까지 가지 않고도 머릿속에서 바로 정리될 수 있다면 전체적인 흐름은 더욱 부드러워지고, 속도는 훨씬 빨라지기 때문이다. 즉, 암기력은 분명한 속도의 차이를 만들어내는 무기가 된다.

이처럼 우리는 각자에게 필요한 역량을 이해하고 그에 맞게 학습함으로써, 효율을 높일 수 있다. 동시에 하나의 역량이 다른 역량과 연결되는 구조를 이해함으로써 하나를 배우면 둘을 아는 지식의 증폭을 경험할 수 있다.

이 전체를 아우르는 작지만 구체적인 실천 방법 중 하나로, 책을 보더라도 연관된 정보가 담긴 몇 권의 책을 동시에 보는 것이 좋고, 강의를 듣더라도 몇 가지 연결되는 측면을 두루 살펴보는 것이 좋다.

예를 들어 넷플릭스의 성장을 만들어 낸 구체적인 힘을 이해하고 싶다면 넷플릭스의 아이디어를 만들고 사업으로 시작한 마크 랜돌프**Marc Randolph**의 『절대 성공하지 못할 거야**That Will Never Work**』와, 넷플릭스의 실질적인 성장을 견인한 최초 투자자이자 현 회장인 리드 헤이스팅스의 『규칙 없음』, 그리고 넷플릭스의 강한 인사 조직과 그 문화를 구축한 패티 맥코드**Patty McCord**의 『파워풀**Powerful**』

을 함께 보는 것이 통찰력에 이르는 데에 더 많은 도움이 되는 독서법이다. 이 3권의 책이 모두 넷플릭스를 만들고 키운 산증인들이 쓴 책이면서, 동시에 각기 다른 내용과 시사점을 던져주고 있기 때문이다. 이를 통해 시작을 하는 힘은 어디에 있는지, 키우는 힘은 어떻게 쌓이는지, 그리고 놀라운 성장의 이면에는 어떤 냉정하고 치열한 현실이 도사리고 있는지를 종합적으로 이해해보며 각자가 처한 상황에서 가질 수 있는 구체적인 생각과 행동을 고민해볼 수 있는 식이다.

또한 전통적인 금융 산업을 혁신하며 급성장하고 있는 핀테크 **FinTech** 세계에 대한 통찰력을 키우고자 한다면 우선 정보 습득 단계에서 간편결제나 P2P 대출, 신용 평가, 인증, 크라우드 펀딩, 블록체인, 해외 송금, 환율, 주식, 규제 등 다양한 분야에 대해 학습하고 그 안에서 인간의 거래에 대한 본질적인 욕구와 이를 구현해온 방법, 그리고 특정 방법하에서 주도권을 쥔 집단들과 그것이 가능했던 이유, 그 이면에 존재했던 어려움을 파악한 뒤 다시 역으로 이를 혁신해갈 방법을 찾아갈 수 있을 것이다. 이것이 핀테크 영역에서 나만의 통찰을 만들어가는 가장 효과적인 접근법이 될 것이다.

다음으로 학습의 방법을 이해하는 것은 학습의 효과를 높이는 데에 도움이 된다. 무엇이 좋은 학습 방법인지에 대해서는 전문적인 연구와 다양한 견해가 존재하지만 이미 정규 교육 과정을 모두 거치고 나서 직장생활을 하고 있는 직장인의 입장에서는 그 구체적인 내용을 하나하나 다시 따져보는 것보다는 그 근간이 되는 흐름을 다시금 새겨보는 것이 더 효과적일 것이다.

우리는 어떻게 새로운 것을 배우고 익히는가? 배움의 종류와 내용이 천차만별일지라도 우리 모두는 하나의 일반적인 과정을 통해 새로운 것을 배우게 된다. 바로, 이해(인지)한 뒤 적용(실행)하고, 그 결과에 대해 판단(피드백)하여 새롭게 배운 것을 제대로 이해했는지, 제대로 적용했는지를 살펴보고서, 잘한 부분은 키우고 잘못한 부분은 다듬는 것이다. 이 과정이 반복되며 새롭게 배운 것들은 비로소 우리의 실력이 되어간다.

성인이 외국어를 배울 때에는 먼저 언어의 구성과 문법, 단어 등을 이해하고 그 후 이를 실제로 써보며 그 결과에 따라 고칠 부분을 바로잡는다. 프로그래밍을 할 때도 우리는 새로운 언어를 배우고, 이를 바탕으로 코드를 짜보고, 실행 결과에 대해 필요한 부분을 수정한다. 골프를 배울 때에도 우리는 먼저 스윙의 메커니즘을 이해하고 이를 몸으로 익히며, 이후 부족한 부분을 집중 개선한다.

이처럼 단순한 학습의 방법을 다시금 떠올려보는 것이 중요한 이유는 이 단순한 원리가 직장생활에서 지켜지지 않는 경우가 생각보다 많기 때문이다. 당신이 기획한 프로젝트의 내용대로 시장에서 실행하고 결과를 보고 있는가? 당신이 쓴 보고서의 결과와 판단 근거에 대해 상사로부터 적시에 적절한 피드백을 듣고 있는가? 새로운 영역에 대해 충분히 이해하고 인지할 기회를 누리고 있는가?

아니면 위에서 내려온 일을 충분히 이해하지 못한 상태로 기획에 들어가고 전략을 수립하고 있지는 않는가?

수년간 영어를 배우고서 정작 한 번도 써볼 일이 없다면, 열심히 프로그래밍을 배우고도 정작 제품 하나 만들어보지 않는다면, 또는 몇 달간 골프 연습장에 다니고는 필드에 한 번도 나가지 않는다면, 과연 이것이 진정한 학습이라고 할 수 있을까? 이 신호를 포착하고 한시 빨리 바꾸어가는 것은 스스로의 발전에 매우 중요한 과정이다.

그런데 아무리 학습의 형태와 방법에 대해 충분히 이해하고 실행할 마음을 먹었더라도, 정작 이를 실행하고 적용할 기회를 갖지 못한다면 사실 그 의미는 크지 않다. 그렇다면 언제 어디서 이러한 방법들을 실행할 수 있을까? 다른 말로, 언제 학습을 해야 하고, 학습을 할 수 있을까?

중요한 것은 별도의 시간을 내서 학습을 하는 경우뿐 아니라, 실제 우리가 하루 중 가장 긴 시간을 보내고 있는 직장에서, 그리고 일 속에서 이러한 노력을 지속해야 한다는 점이다. 즉, 하루하루의 일 속에서 일이 벌어지는 근원과 과정, 의사 결정의 근거와 실행의 형태, 그 결과와 의미를 파악해가야 한다. 이것이 지속적으로 축적될 때 우리는 어느새 놀라운 수준의 통찰력을 갖게 될 것이다.

반대로 일과 완전히 분리된 환경에서의 학습이 이러한 효과로 이어지기 어려운 이유 또한 명확하다. 정도의 차이는 있겠지만 개별 학습을 통해 새로운 영역에 대해 아무리 충분히 이해하고 인지하더라도 정작 이를 적용하고 실행할 기회를 갖기가 어렵고, 따라서 학습한 것에 대해 적절한 판단을 내리거나 피드백을 듣기 어렵기 때문이다.

따라서 아직 일을 통해 배우고, 배운 것을 다시 일에 적용하는 선순환 구조를 갖추고 있지 못하다면 무엇보다 먼저 그 구조를 만들어야 한다. 이를 통해 일의 매 순간 배움을 얻어야 하고 우리의 Intelligence를 높여가야 한다.

행운, 행복

우리의 독자적인 직장생활을 돕는 마지막 실천은 무엇일까? 바로 행운에 대한 인정이다. 더 궁극적으로는 행운을 인정하며 더 많은 행운을 끌어들이는 것이다. 행운이 중요한 이유는 모든 것이 논리적으로 설명되거나 법칙대로 움직이지 않기 때문이다. 이 점에서는 우리의 삶도 마찬가지고, 직장생활도 마찬가지이며, 기업이 사업을 펼쳐나가는 것 또한 마찬가지이다. 따라서 우리에게 가급적자주, 가능한 큰 행운이 찾아올수록 이것은 우리가 의도하고 계획하고 실천하는 모든 것들을 더 나은 방향으로 이끌어줄 것이다.

나아가 우리는 행복해야 한다. 구체적으로 말하면, 우리는 자주 행복해야 한다. 여기서 더 구체적으로 말하자면, 우리는 집에서, 일터에서, 사회에서, 그리고 우리가 살아가는 모든 곳에서 행복해야 한다. 일에서의 행복은 앞서 논의한 모든 것들을 이루어가는 데에 매우 중요한 역할을 한다. 현실적으로 사회인들이 가장 많은 시간을 쓰는 곳이 일터이기 때문이기도 하지만, 결국 일이 삶의 다른 영역에 필요한 자원을 공급하는 핵심적인 역할을 하기 때문이다. 또한 일에서 행복하지 못하면 일에서 받은 고통을 알게 모르게 삶의 다른 영역들(즉, 가족, 친구)로 전파하게 되고 이는 말할 것도 없이 또 다른 고통을 야기한다. 악순환이다.

지금 하고 있는 일, 몸담고 있는 직장, 마주하는 동료, 사무실 공간, 출퇴근의 방법과 그 동선 등 우리의 일과 관련된 구체적인 요소들이 행복의 이유가 될 수 있을까? 나는 있음에 만족하는 사람인가, 없어도 감사할 줄 아는 사람인가? 그리고 나는 자주 행복을 느끼는 사람인가?

우리 모두가 일의 현장과 그 세세한 맥락 속에서 행복을 느낄 수 있어야 우리 삶의 의미가 더욱 풍성해지고, LTM을 이루는 데에도 유리할 것이다. 불행한 중에는 무언가를 이루기도 어렵겠지만 설사 이룬다고 한들 그것이 얼마나 큰 의미가 있겠는가? 물론 LTM은 미래의 어느 시점에 달성하게 될 목표지만, 그 길을 걷는 데에 존재하는 모든 과정 속의 행복마저 미래에 달성할 것으로 여기며 미루지 말자. 행복은 우리 삶을 견인한다.

또한 만약 우리가 정말 Agility와 Intelligence를 기반으로 더 나은 가치를 만들고, 돈도 많이 벌고, 그 결과 LTM도 빨리 달성하여 삶을 더욱 안정적이고 편하게 만드는 데에 성공했다고 가정해 보자. "그 후에는 어떻게 살아야 할까?"

우리는 일생을 살기에 충분한 돈을 번 뒤에도 여전히 돈을 더 벌기 위해 애쓸 수도 있고, 여행을 다니거나 취미를 즐기는 등 '잘 놀고 잘 쉬는' 삶을 사는 데에 집중할 수도 있다. 혹은 투자를 하거나 기부를 하는 등 돈을 잘 쓰는 데에 치중할 수도 있고, 자녀와 가족에게 헌신하는 삶을 살 수도 있다. 또는 다른 이들과 사회의 안정을 도모하는 데에 여생을 바칠 수도 있다. 마치 글의 초반에 '어떤 삶을 살고 싶은가?'에 대해 무수한 많은 답이 가능했던 것처럼, 이 질문에도 사람마다 각기 다른 대답이 가능할 것이다.

따라서 우리가 정말 중요하게 생각해야 할 질문 또한, 바로 LTM이 완성된 후 우리가 피해야 할 삶의 모습은 무엇인가 하는 점이다. 우리는 돈을 벌다가 건강을 잃는 상황을 피해야 한다. 돈을 버는 과정에서 적을 만들어 불안 속에 살게 되는 상황도 피해야 한다. 번 돈을 흥청망청 쓰느라 LTM을 달성하고도 이를 스스로 깨뜨리는 상황도 피해야 하고, 남에게 과시하기 위한 목적으로 돈을 써서도 안 된다. LTM의 본질은 개인의 삶에 필요한 돈을 빨리 벌어 돈에서 자유를 얻고 행복에 몰두하기 위함이기 때문이다.

이러한 위험을 피하기 위해 우리에게 반드시 필요한 미덕은 바로 '겸손'이다. 다음의 몇 가지 질문은 우리가 겸손한 마음으로 LTM 이후의 삶을 준비할 수 있도록 도울 것이다.

'내가 돈을 버는 것은 순전히 나의 실력인가? 아니면 사회와 환경의 도움인가?'

'나의 성공에 운은 얼마나 담겨 있나? 다시 돌아가서 똑같이 돈을 벌라고 하면 해낼 수 있는가?'

'가진 돈이 전부 사라졌을 때 어떤 삶을 살 것인가? 다시 일어설 수 있나? 나를 도울 이가 있나?'

'건강이나 소중한 것을 잃었을 때, 돈은 나에게 어떤 의미인가? 돈보다 중요한 것은 무엇인가?'

결국 세상 어떤 것도 온전히 내 힘으로 이루어진 것은 없다. 농경사회와 신본주의에서 자연을 상대로 너무나 분명했던 인류의 겸손이 산업사회와 인본주의를 거치며 많이 흐려졌지만, 인류는 이따금 맞게 되는 재앙을 통해 우리가 할 수 있는 것과 할 수 없는 것에 대해 분명히 깨닫곤 한다.

코로나가 창궐한 이후 항공 업계는, 아무리 좋은 여객기와 서비스를 마련하고 많은 노선을 연결해두어도 이 모든 것이 한순간에 무너질 수 있음을 경험했다. 하나가 된 줄 알았던 세계의 하늘길이 막혔고, 공항이 폐쇄됐으며, 물자의 이동이 멈췄다.

우리 세계는 모든 것이 한순간에 멈출 수 있음을 경험했다. 거대한 악재를 경험한 항공사와 무역 기업은 더 이상 모든 것이 그들이 잘해서 된 것이라는 말은 하지 않을 것이다.

물론 아직 큰돈을 벌지 않은 상태에서 LTM의 완성 이후를 미리 고민하는 것이 무의미해 보일 수도 있겠지만 이는 사실 무엇보다도 중요한 단계다. 미리 목표 달성 이후를 고민해야만 실제 목표를 달성한 후에 흔들리지 않을 것이고, 그래야만 실제 LTM을 달성하고 나서, 그 이후의 삶을 자신이 생각한 행복에 맞게 살아갈 수 있을 것이기 때문이다.

나아가 겸손은 충분한 시간을 두고 노력하며, 되돌아보는 훈련을 통해 체화시켜야 할 성격의 덕목이다. 어느 날 갑자기 누군가 그렇지 않았던 이가 겸손해지는 경우는 드물다. 지속적으로 스스로의 내면을 들여다보고 훈련해야만 언젠가 LTM을 달성한 뒤에도 건강한 마음가짐으로 지속적인 행복을 추구할 수 있을 것이다. 곧은 자세가 건강을 유지하는 데에 필수인 것처럼, 올바른 마음의 자세는 인생의 여정을 걸어가는 데에도 필요하다.

2018년 9월 10일, 갑자기 '1년 후 은퇴'를 선언하며 전 세계를 놀라게 한 알리바바 그룹의 마윈 회장은 겸손의 미덕을 분명히 보여주었다. 20년을 고생하여 맨땅에서 500조가 넘는 거대한 기업을 일구어낸 인물이 불과 50대 중반의 나이에 어떻게 은퇴를 결심할 수 있었을까?

그가 바라보고 살아가는 인생은 매우 크고 넓고(따라서 기업가로서의 성공만이 인생의 전부가 될 수 없으며), 그가 세계에 기여할 수 있는 방법에는 분명 다른 몇 가지가 더 있을 것이며(따라서 또 다른 도전을 멈추지 않을 것이며), 무엇보다도 그는 무엇이 행복인지를 스스로 잘 알고 있을 것이다(따라서 굳이 한 가지 형태의 성공에 집착할 이유가 없다).

또한 그는 이미 LTM을 달성했기 때문에 은퇴를 하는 데에도, 다른 도전을 하는 데에도 거리낄 것이 없다. 무엇을 하든, 무엇을 하지 않든 살아가는 데에 필요한 돈이 떨어지지 않기 때문이다.

그리고 2019년 9월 10일, 그는 약속을 지키고 은퇴를 했다. 중국 항저우에서 진행된 알리바바의 20주년 기념식이자 그의 은퇴식 현장에 참여하여 환한 미소로 이별을 고하는 마윈을 보면서 한 가지 확실하게 느낀 점은, 진정 행복한 사람만이 그 행복의 값을 알고 겸손한 마음을 갖게 되며, 이를 바탕으로 절제할 수 있다는 점이다. 마음에 결핍과 욕심이 차 있을 때에는 더 드러내고자 하게 되며, 멈추기보다는 채우기 위해 노력하게 되기 때문이다.

마음이 채워지고 충만할 때, 비로소 멈추고 나누는 것이 가능해진다. 그렇다고 행복해야만 겸손할 수 있는 것은 아니다. 반대로 겸손을 통해 현재 가진 것들과 지금 만들어가고 있는 것들의 가치를 더 강하게 느낄 수 있고 이를 통해 행복을 키울 수도 있다. 따라서 겸손과 행복은 함께 붙어 다닐 때 가장 빛을 발하는 상호 보완적 관계에 가깝다. 명심하자. 부자라고 해서 한 번에 밥 열 공기를 먹을 수는 없는 법이다.

연결이라는 선물

팔에 깃털 날개를 붙인 다음 높은 곳에 올라가 전력을 다해 뛰어내리며 부단히 날갯짓을 하면 날 수 있다고 생각했던 선조들은 모두 실패했다. 비행을 꿈꿨던 그들은 그 꿈을 이루기 위해 열심히 일했지만 그 누구도 매우 강력한 자연의 힘을 상대로 싸워서 이길 수 있을 만큼 강하지 못했다. 사람들은 중력의 법칙, 상승력과 인력, 저항력에 대한 개념 등과 같이 세상을 움직이는 적절한 자연법칙과 원칙들을 이해한 뒤에야 비로소 날 수 있었다.

— 클레이튼 M. 크리스텐슨, 『혁신 기업의 딜레마』 중에서

무조건 열심히 하면 직장생활을 성공적으로 할 수 있을 것이라고 생각했던 직장인들이 마치 높은 곳에서 전력을 다해 날갯짓을

하던 선조들과도 같다면 어떨까? 자본주의라는 체제와 기업과 자본가가 노동력을 활용하는 방법이라는 매우 강력한 힘을 상대로 맞설 수 있을까? 오히려 그제야 하늘을 날 방법을 찾아냈던 선조들처럼 우리 역시 그 메커니즘을 이해한 뒤 비로소 자신만의 방법을 찾아갈 수 있을 것이다.

수조 원의 재산을 보유한 재벌이나 자본가의 수준이 될 수도 없고 될 필요도 없지만 각 개인에게 필요한 LTM를 달성하는 수준이 되는 것은 불가능한 일만은 아니다. LTM을 채움으로써 욕구를 채우는 데 필요한 돈에서 자유를 얻고, 그로 인해 더욱 독립적이고 자유로운 한 인간으로서, 본인이 중심이 되는 삶을 살아가며 이를 통해 참 행복에 이르게 될 것이다. 더는 어떤 회사에 다니는지를 이름 앞에 꺼내지 않고, 그저 자기 이름을 바로 내미는 것으로도 스스로 만족하고 당당한 삶을 살아갈 수 있게 될 것이다.

문득 이런 생각이 든다. 일하면서 참 좋은 순간들이 많았다. SK에서 모바일 지갑 서비스를 만들게 된 것도 좋았고, 회사를 통해 더 크고 넓은 세상을 마주하게 된 것도 정말 좋았다.

알리바바의 앤트 그룹에서 핀테크 사업을 추진했던 것도 좋았고, 쿠팡에서 와서 인재와 조직을 고민하고, 리테일(로켓 배송) 사업을 하는 것도 참 좋았다.

앞서 언급했듯이, 어떤 순간이 당시에 좋은 이유는 그것이 나에게 가치를 주기 때문일 것이고, 그 순간이 지나고 나서도 여전히 좋을 수 있는 이유는 그것이 다음 순간에 어떤 의미 있는 영향을 주었기 때문일 것이다. 그래서 뒤로 갈수록, 뒤로 가서 다시 과거를 돌아볼수록, 좋았던 순간은 더 분명하게 판단이 되는 것 같다.

이는 지금이 너무 안 좋아서 "그때가 좋았지"라고 추억하는 것과는 또 다르다. 다시 한번, 과거의 어떤 순간이 오래도록 좋게 기억되고 있다는 것은 그것이 지금 이 순간으로 어떤 식으로든 연결되어 영향을 주고 있기 때문일 가능성이 높기 때문이다.

스티브 잡스의 저 유명한 말 "You can't connect the dots looking forward; you can only connect them looking backwards. So you have to trust that the dots will somehow connect in your future"도 새롭게 이해된다.

그의 말은, 점들의 의미를 다 알 수 없는 각 과정들도 값지지만 결국 가장 좋은 건 점들이 연결되어 선을 이루기 시작하는 순간이라는 뜻이 아닐까? 선이 생긴 뒤에 비로소 뒤돌아본 점들의 순간이 더욱 값지게 느껴지는 것이다.

결국 핵심은 어떤 모양, 크기, 그리고 어떤 색깔의 점을 찍고 있느냐보다도, 어쩌면 오히려 다양하고 이질적인 이것들을 어떻게 '연결'할지에 있는 것 같다. 그런 맥락에서 나에게는 '방향'을 잃은 삶이라는 개념보다는 '연결'을 잃은 삶이라는 개념이 더 사실적이고 무겁게 느껴진다. '방향'에 따라 계획적으로 살아지는 삶이란 건 얼마나 현실적인 걸까?

그래서 방향을 정하는 데에 많은 노력을 쏟는 것 못지않게, 이것저것 하면서 그들을 연결하는 데에 노력을 쏟는 것 또한 충분히 의미 있고 중요한 삶의 방식이라는 생각이 든다. 결국 의미와 적용을 통해 연결을 잘 이어나간다면 그 각각의 점들에 너무 크게 구애받지 않게 될 수 있고, 그러함에도 삶은 갈수록 좋아질 수 있다는 생각이 들었다. 독립적이고 자유로운 직장생활이 가능해지는 것이다. '방향'으로 만들어가는 것이 아닌, '연결'로 찾아가는 삶에서는 그래서 언제나 지금이 가장 좋을 수 있다.

우리 모두의 연결을 응원한다.
우리 모두의 독자적인 삶을 응원한다.

나를 향해 다가서도록 도와준 모든 분들께

첫사랑과도 같은 첫 직장 SK를 떠나기로 결심한 것은 사실 '떠남'을 결심한 것이 아니라 '다가섬'을 결정한 것에 가까웠습니다. '나를 향한 다가섬'입니다. 이토록 귀한 우리의 삶은 다른 누구의 것도 아닌 '나의 것'이기 때문입니다. 잘 살아도 내 탓, 못 살아도 내 탓, 감사해도 내 탓, 불만해도 내 탓일 뿐인 그런 것 말입니다.

나를 향한 다가섬의 길에 눈 뜰 수 있게 도와준 나의 큰 벗 이재권 대표께 큰 감사를 전하고 싶습니다. 그 길을 더 현명하게 찾아갈 수 있도록 중요한 가르침을 전해준 최진석 교수께 큰 감사를 전하고 싶습니다.

평소 저의 글을 아껴주고, 구체적인 방법으로 응원해준 최우혁 대표와 김태은 대표, 이경영 대표께 큰 감사를 전하고 싶습니다.

늘 저의 성장을 위해 조언을 아끼지 않으시는 서진우 부회장과 SK의 여러 선배, 동료들께 큰 감사를 전하고 싶습니다.

늘 건강한 자극과 마음 깊은 우정을 전해주는 이정수 대표와 이찬희 CPO, 강민규 전무, 송수영 변호사께도 큰 감사를 전하고 싶습니다.

이 글이 실제 세상에 나올 수 있게 모든 과정을 인내하며 꼼꼼히 챙겨준 21세기북스 담당자들께 큰 감사를 전하고 싶습니다.

그리고 저의 삶의 근원적인 힘이자 행복이 되어 주는 가족들께 깊은 사랑을 전하고 싶습니다.

아직 진행 중일 뿐인 평범한 직장인의 삶을 살고 있는 제가 세상에 남길 글을 적는다는 게 부끄럽고 두려운 면도 있었지만, 그 누구의 삶도 아닌 나 자신의 삶을 향한 진지한 고민과 실천이, 비슷한 고민을 하고 있을 다른 누군가에게는 아주 미약한 참고라도 될 수 있겠다는 생각이 결국에는 이 글을 쓸 수 있는 용기였습니다. 저의 용기가 누군가 필요한 분들께 도움이 되기를 바라며 이 글을 읽어주신 모든 분들께 감사를 전합니다.

KI신서 10329

일을 지배하는 기술

1판 1쇄 인쇄 2022년 7월 15일
1판 1쇄 발행 2022년 7월 27일

지은이 최형렬
펴낸이 김영곤
펴낸곳 ㈜북이십일 21세기북스

인생명강팀장 윤서진 **인생명강팀** 강혜지
디자인 섬세한 곰
출판마케팅영업본부장 민안기
마케팅2팀 나은경 박보미 정유진 백다희
출판영업팀 이광호 최명열
제작팀 이영민 권경민

출판등록 2000년 5월 6일 제406-2003-061호
주소 (10881) 경기도 파주시 회동길 201 (문발동)
대표전화 031-955-2100 **팩스** 031-955-2151 **이메일** book21@book21.co.kr

ⓒ 최형렬, 2022
ISBN 978-89-509-1288-8 03320

(주)북이십일 경계를 허무는 콘텐츠 리더

21세기북스 채널에서 도서 정보와 다양한 영상자료, 이벤트를 만나세요!
페이스북 facebook.com/jiinpill21　포스트 post.naver.com/21c_editors
인스타그램 instagram.com/jiinpill21　홈페이지 www.book21.com
유튜브 youtube.com/book21pub

서울대 가지 않아도 들을 수 있는 명강의! 〈서가명강〉
'서가명강'에서는 〈서가명강〉과 〈인생명강〉을 함께 만날 수 있습니다.
유튜브, 네이버, 팟캐스트에서 '서가명강'을 검색해보세요!